머리말

세상을 살다보면 별 이상한 일도 다 생깁니다.

사업으로 왕창 돈을 벌든가 복권에 당첨되지 않는 한 일이 제대로 풀리지 않을 정도로 사회경기가 어렵습니다. 이러한 상황에서는 이런 일도 저런 일이 끊이지 않고 억울한 일만 자주 생길 수밖에 없습니다.

사실상 평생을 살면서 죄짓지 않고 파출소 앞에 한 번도 가보지도 않은 착한 분들에게는 어떻게 대처해야 할지 몰라서 그냥 넘어가는 분들이 대부분입니다. 이런 분들을 이용해 나쁜 짓을 일삼는 범죄자들이 활개를 쳐서는 안 되고 또 그냥 뇌두면 안 됩니다.

법을 모르시는 분들이 법적으로 고소장을 작성하고 경찰서에 접수하고 피해자 고소보충진술을 받는다는 것은 불가능에 가깝습니다.

그러나 고소는 범죄의 피해자 또는 고소권자가 부패범죄, 경제범죄 피해액이 5억 원 이상 사기 등 범죄는 검찰에 수사권이 있으므로 피고소인의 주소지 관할 지방검찰청이나 지청에 신고하고 이외의 범죄는 경찰에 1차적 수사권, 수사종결권이 있으므로 피고소인의 주소지 관할 경찰서에 범죄사실을 신고하여 범인을 조사하고 법원에 기소하여 형사재판을 받을 수 있도록 해 달라는 의사표시이므로 조금만 그 절차를 아시면 얼마든지 해결할 수 있습니다.

이렇게 피해자가 범죄를 신고한 고소는 수사에 있어 중요한 단서 중 하나가 됩니다. 따라서 고소는 이해할 수 있는 의사능력이 있으면 고소능력이 있습니다.

세월이 흐르면 강천도 변하듯이 범죄자를 처벌하려면 공소시효가 만료되기 전에 고소하여야 하며, 공소시효가 지난 고소는 범죄자를 기소할 수 없고 시일이 지나면 그만큼 증거자료가 없어질 경우 범죄혐의 입증하기 어려워지기 때문입니다.

누구든지 억울한 일을 당하고 내 사건에 맞는 고소장을 작성하려고 해도 막상 어떤 형식으로 작성해야 하는지 또 범죄사실은 어떻게 구성해야 하고 또한 사실관계는 어떻게 고소장에 기재해야 할지 망설여지기 마련입니다.

일반인에게는 고소장을 작성할 일이 평생에 한번 있을까 말까한 일이므로 갑자기 억울한 일이 생기거나 어떤 침해를 당하신 경우 즉각적으로 법적대응은 물론이고 혼자서도 고소장을 스스로 작성하고 수사기관에 신고하는 절차를 통하여 해결할 수 있도록 하기 위하여 실제 있었던 사례를 자세히 분석하고 이에 맞게 고소장을 직접 작성하는 방법과 고소하는 방법을 자세히 수록한 실무 지침서를 권장해 드립니다.

편저자 드림

새로운 고소장 작성방법 고소하는 방법

형사 고소장 작성방법
고소하는 방법

제1장 형사사건의 새로운 수사절차

1. 형사사건의 새로운 수사권

형법의 적용을 받는 사건을 형사사건이라고 하는데 검경 수사권 조정으로 검찰이 수사·기소·영장청구 권한을 독점하고 있는 기존의 구조를 경찰과 수사권한을 나누는 방향으로 조정이 되었는데 2021. 01. 01.부터 6대 중요범죄(부패. 경제, 공직자, 선거, 방위사업, 대형참사)의 수사권은 검찰에 있었는데 2022. 09. 10.부터 1.부패범죄 2.경제범죄 피해액이 5억 원 이상 사기 등 범죄의 수사권만 검찰에 그대로 두고, 나머지 범죄에 대한 1차적 수사권, 수사종결 권은 경찰에 생겼습니다.

2. 검찰의 수사권 및 고소장 접수

검찰에 수사권이 있는 1.부패범죄 2.경제범죄 5억 원 이상 사기 등 사건의 고소장은 피고소인의 주소지를 관할하는 지방검찰청이나 지청에 접수하여야 합니다.

피고소인의 인적사항을 알지 못하고 피고소인의 휴대전화나 아이디 또는 닉네임, 이메일주소 등만 알고 있는 경우 고소장에 기본정보만 기재하고 고소인의 주소지를 관할하는 지방검찰청이나 지청에 접수하면 검사가 압수수색 영장을 발부받아 피고소인의 소재를 추적 수사하여 조사가 이루어집니다.

3. 경찰의 수사권 및 고소장 접수

경찰에 1차적 수사권, 수사종결권이 있는 범죄에 대한 고소장은 피고소인의 주소지를 관할하는 경찰서에 접수하여야 합니다.

피고소인의 인적사항을 알지 못하고 피고소인의 휴대전화나 아이디 또는 닉네임, 이메일주소 등만 알고 있는 경우 고소장에 기본정보만 기재하고 고소인의 주소지를 관할하는 경찰서에 접수하면 사법경찰관이 압수수색 영장을 발부

받아 피고소인의 소재를 추적 수사하여 조사가 이루어집니다.

4. 새로운 수사절차

고소장이 검찰에 접수되면 검사가 수사한 결과 피의자에 대한 범죄혐의 유죄로 인정되면 기소하고, 범죄혐의 인정되지 않는다고 판단하면 불기소처분을 합니다.

불기소처분에 불복이 있으면 불기소처분통지서를 받은 날부터 30일 이내에 불기소처분을 한 그 검사 소속의 지방검찰청이나 지청을 경유하여 관할 고등검찰청에 항고할 수 있습니다.

경찰에 1차적 수사권, 수사종결권이 있는 범죄의 고소장이 피고소인의 주소지를 관할하는 경찰서에 접수되면 사법경찰관이 수사한 결과 피의자에 대한 범죄혐의 인정되면 1차적 수사권에 의하여 기소의견으로 검찰에 송치하고, 피의자에 대한 범죄혐의 인정되지 않는다고 판단하면 수사종결 권에 의하여 불송치(고소사건을 1차적 수사권에 의하여 기소의견으로 검찰에 송치하지 아니하고 경찰에서 자체적으로 종결처리 한다는 뜻입니다) 결정을 할 수 있습니다.

5. 경찰의 불송치 결정

사법경찰관이 불송치 결정을 하는 때에는 7일 이내에 서면으로 고소인에게 1차적 수사권에 의하여 기소의견으로 검찰에 송치하지 아니하는 취지나 그 이유를 통하여야 합니다.

불송치 결정의 통지를 받은 고소인은 그 사법경찰관 소속 관서의 장(경찰서장)에게 예를 들어 경찰서 종합민원실에 사건번호를 기재하여 이의신청을 할 수 있습니다.

이의신청을 받은 사법경찰관은 지체 없이 고소인이 제출한 이의신청서와 사법경찰관이 지금까지 수사한 수사기록을 검사에게 송부하여야 합니다.

검사는 고소인이 제출한 고소장과 이의신청서를 먼저 읽고 그 다음 사법경찰관이 작성한 수사기록을 비교, 검토하여 사법경찰관이 한 수사가 미진한 부분이 있으면 다시 사법경찰관에게 보완수사를 하게 하여 기소 여부를 결정하거나 사법경찰관이 작성한 수사기록에 의하여 기소의견으로 송치하여야 함에도 불구하고 불송치 결정을 한 것이 위법 또는 부당한 때에는 검사는 재수사를 요청하고 기소 여부를 결정할 수 있습니다.

이제는 과거와 달리 고소장을 작성할 떼 피의자에 대한 범죄혐의 유죄로 인정될 수 있도록 고소장을 잘 작성하여야 하고 피해사실이 무엇인지 사법경찰관이 이해하기 쉽게 고소보충진술을 잘 받아 불송치 결정이 나오지 않도록 하여야 합니다.

사법경찰관이 불송치 결정을 하였다 하더라도 이의신청서를 통하여 검사에게 사법경찰관이 작성한 불송치이유는 어떤 이유로 법적근거가 잘못됐다는 것인지를 설명하고 이해시켜야 검사가 이의신청을 받아들여 다시 사법경찰관에게 보완수사를 하게 하거나 재수사를 하게하고 최종적으로 고소사건의 기소 여부를 결정하게 됩니다.

6. 고소장의 가치

고소장은 범죄혐의 인정될 수 있도록 작성하여야 합니다. 고소장을 접수하는 방법도 중요하고 불송치 결정이 나오지 않도록 고소보충진술을 잘 받아야 하고, 사법경찰관으로 하여금 불송치 결정이 나왔더라도 이의신청서를 잘 작성하여 검사로 하여금 사법경찰관에게 다시 보완수사 내지 재수사를 하게 하여 최종적으로 기소 여부를 결정할 수 있도록 하여야 고소인의 목적을 달성할 수 있고 피고소인을 형사 처벌을 받게 할 수 있습니다.

제2장 고소장 작성하는 방법

1. 고소

고소는 범죄의 피해자 또는 그와 일정한 관계가 있는 고소권자가 검찰에 수사권이 있는 범죄(1.부패범죄 2.경제범죄 5억 원 이상 사기 등)의 고소사건은 피고소인의 주소지를 관할하는 지방검찰청이나 지청에 고소장을 접수하고, 경찰에 1차적 수사권, 수사종결권이 있는 범죄의 고소사건은 피고소인의 주소지를 관할하는 경찰서에 대하여 범죄사실을 신고하여 범인의 처벌을 구하는 의사표시입니다.

2. 고소장

고소장을 작성하는 방식에는 제한이 없습니다.

고소장에는 고소인과 피고소인의 인적사항을 기재하고, 그리고 피해를 입은 내용이 무엇인지 기재하고 반드시 피고소인의 처벌을 원한다는 뜻만 들어 있으면 무슨 죄에 해당하는지 밝힐 필요는 없습니다.

고소장은 피고소인에 대한 범죄혐의 인정될 수 있도록 작성하여야 하고 고소장의 첫째 쪽은 검찰청이나 경찰서에서 사건의 접수나 수사기관의 내부적으로 결재 등을 위하여 상당한 공간이 필요하기 때문에 A-4용지 상당 중앙에 큰 글자로 『고소장』 이라고 표시하고, 그 아래로 고소인의 성명, 그 아래로 피고소인의 성명을 적고, 그 아래로 큰 글자로 고소장을 제출할 수사기관의 명칭을 예를 들어 경찰에 수사권이 있는 사건은 『강원도 춘천경찰서장 귀중』 또는 검찰에 수사권이 있는 사건은 『춘천지방검찰청 검사장 귀중』이라고 적고 첫째 쪽을 작성하는 것이 좋습니다.

고소장의 둘째 쪽 상단 중앙에 큰 글자로 『고소장』 이라고 기재하고 그 아래로 고소인의 인적사항을 기재하고, 그 아래로 피고소인의 인적사항을 기재하되

인적사항을 알지 못하는 경우 기본정보(예를 들어 휴대전화, 아이디, 닉네임, 이메일주소 등)를 활용하여 압수수색 영장을 발부받아 피고소인의 소재를 파악할 수 있도록 기본정보를 기재하여야 합니다.

그 아래로 조금 큰 글자로 『고소취지』라고 기재하고 그 아래로 예를 들어 고소인은 피고소인을 형법 제347조 제1항 사기죄로 고소하오니 피고소인을 철저히 수사하여 법에 준엄함을 깨달을 수 있도록 엄벌에 처하여 주시기 바랍니다. 아니면 고소인은 피고소인을 정보통신망 이용촉진 및 정보호 등에 관한 법률 제70조 제2항 거짓의 사실을 드러내어 사이버명예훼손죄로 고소하오니 피고소인을 철저히 수사하여 법에 준엄함을 깨달을 수 있도록 엄벌에 처하여 주시기 바랍니다. 라고 기재하고 그 아래로 조금 큰 글자로 『고소사실』이라고 기재하고 그 아래로 검사나 사법경찰관이 고소사실을 많이 알아야 피고소인의 범행을 추궁할 수 있듯이 고소인과 피고소인 간에 발생되었던 사실들을 보다 자세하게 잘 정리하고 고소장에 기재된 사실들이 어떤 이유로 사실임을 인정할 수 있는가를 검사나 사법경찰관에게 설명하여야 합니다.

예를 들어 고소사실에는 피고소인은 강원도 춘천시 ○○로 ○○, 소재 고소인의 집 마당에 세워둔 최고급 자전거 1대를 가지고 나왔다. 는 말은 고소사실에서 말하는 사실적인 말이고, 피고소인은 절도 행각을 했다. 는 말은 고소사실에서 말하는 평가적인 말입니다.

고소장에 기재하여야 할 고소사실은 사실적인 말을 90%, 평가적인 말을 10%로 기재되어져야 합니다.

주로 고소사실은 육하원칙에 맞는 사실적인 말들로 기재되어져야 하고, 평가적인 말은 말하자면 고소취지나 피고소인에 대한 범죄혐의 인정될 수 있다는 설명에서만 고소사실로 기재함이 바람직합니다.

범죄 사실은 발생된 날이 빠른 것부터 순차적으로 기재하되, 가급적이면 같은 날에 발생된 범죄 사실은 같은 항에 기재하고, 다음 날에 발생된 사실들은 그 다음 항에 기재하는데 범죄사실이 여러 차례 전화 통화나 직접 만나서 대화를 나눈 것이나 오고간 문자의 내용이 많을 경우 범죄일람표라고 작성하고 고소장에 이를 원용하여 첨부하시면 수사를 담당하는 검사나 사법경찰관이 이해하기 쉽게 작성하는 것이 좋습니다.

사기죄로 고소장을 작성하는 경우 피해를 입은 경위와 피해를 입은 후의 상황으로 나누어 범죄사실을 씀이 바람직합니다.

그 이유는 피해를 입을 때에는 피고소인을 갑이라 말하고, 고소인은 갑이 한 말이 사실인 것으로 믿고 거래를 하였는데 피해를 입고 난 후에 누구누구를 통해 알게 된 바에 의하면 갑이 고소인에게 한 말은 모두 거짓말이라고 기재하면 수사를 담당하는 검사나 사법경찰관은 피고소인의 기망행위 요지를 매우 쉽게 명료하게 알 수 있기 때문에 피고소인을 상대로 범행을 추궁하여 자백을 받아내기 쉽습니다.

3. 범죄사실과 수사방향

고소장은 무조건 범죄혐의 인정될 수 있도록 작성하여야 합니다.

검찰에 수사권이 있는 고소사건은 검사가 경찰에 수사권이 있는 고소사건은 사법경찰관이 고소장이 접수되면 수사 초기에 고소장과 고소장에 첨부된 증거들을 먼저 검토하여 유죄의 방향으로 수사를 할 것인가 아니면 무혐의 방향으로 수사할 것인가를 마음에 두고 수사하게 되고, 수사 도중에는 수사방향을 바꾸는 경우는 그리 많지 않으므로 처음부터 고소사건이 검사나 사법경찰관에 의하여 어떤 방향으로 수사되는가는 매우 중요합니다.

피고소인에 대한 범죄혐의 인정될 수 있도록 잘 작성한 고소장은 검사나 사법경찰관으로 하여금 유죄의 심증을 갖게 하는 역할을 합니다.

4. 고소장은 세심하게 작성

고소장을 가리켜 실무에서는 흔히 고소사건에 대한 세심하게 잘 작성된 설계

도와 같다고 합니다.

고소장을 통하여 전원주택을 짓도록 고소장이 작성되었다면 수사를 담당하는 검사나 사법경찰관은 전원주택이 아닌 다른 집으로 절대 바꾸어 질 수 없습니다.

검사나 사법경찰관은 고소장에 기재된 고소사실에 따라 전원주택을 지으려는 수사를 열성적으로 할 수밖에 없습니다. 그러나 고소장을 허술하게 작성하면 수사관계자가 고소인이 다른 집으로 바꾸어 짓기를 바라면서 고소를 한 것으로 잘못 해석하는 등의 이유로 고소인이 전혀 바라지 않았던 방향으로 수사기 전개될 수 있습니다.

피해를 입은 억울함을 호소하는 고소장일수록 건축설계도와 같이 세심하게 잘 작성되는 것과 같이 고소장이 상세하게 잘 작성되어져야 고소인의 목적을 달성할 수 있습니다.

범죄혐의 인정될 수 있도록 고소장을 작성하지 못하면 결국 검사나 사법경찰관이 고소장을 토대로 피고소인을 출석시켜 즉시 범행을 추궁하지 못하고 시간이 흐르면 피고소인이 증인을 매수하거나 증거를 조작할 수 있으므로 수사를 담당하는 검사나 사법경찰관이 고소장을 토대로 하여 피고소인을 상대로 범행을 추궁하여 자백을 받아낼 수 있도록 고소장을 잘 작성하여야 합니다.

5. 범죄사실 및 사실관계의 왜곡 금지

간혹 많은 고소인들은 피고소인을 달달 엮는 고소장을 작성하여야 범죄혐의 인정할 수 있다는 생각만으로 범죄사실과 다른 내용을 고소장에 쓰려고 하는 분들이 굉장히 많습니다.

고소장은 한 가지 중요한 고소사실을 왜곡하게 되면 그 다음에 기재하는 고소사실이 경험칙에 부합되지 않게 되어 한마디로 믿기 어려운 고소사실로 인정되기 십상이므로 다시 그 다음의 고소사실도 왜곡하여야 하는 악순환이 반복될 수밖에 없으므로 결국은 허위로 고소하였다고 인정될 가능성이 있으므로 고소사실 중 중요한 사실들은 반드시 사실대로 고소장에 기재하여야 합니다.

고소장에는 범죄사실을 입증할 제3자나 증인 또는 목격자가 있는 경우 제3자나 증인 또는 목격자에 대한 인적범위를 고소장에 자연스럽게 성명과 휴대전화를 고소장에 기재하여 두면 수사를 담당하는 검사나 사법경찰관에게 참고인 조사 요청을 할 때 떳떳할 수 있으므로 제3자나 증인 또는 목격자의 특정만 고소장에 기재하여 검사나 사법경찰관이 스스로 선택하여 참고인 조사에 임할 수 있도록 기재하여 두는 것이 좋은 방법이고 노골적으로 누구누구를 지목하여 참고인 조사를 요구하면 말을 맞춘 것으로 오해할 수 있고 거부감을 일으킬 수 있어 바람직하지 않습니다.

고소사건에서 피고소인은 대부분 범행을 부인합니다.

고소장을 작성할 때는 피고소인이 범행을 부인할 것을 예상하고 그에 따른 입증 방법을 고소장을 통하여 제시하고 검사나 사법경찰관이 범죄혐의 인정되는 방향으로 수사를 하도록 하여야 하고 고소인으로서는 피고소인이 범행을 부인할 경우 고소인으로서는 고소장과 고소보충진술이 일치하여야 진술에 일관성이 있음을 인정받게 되고 고소인의 목적을 달성할 수 있습니다.

고소장과 고소보충진술은 동일성이 유지되어야 합니다.

서로 주장과 진술이 다르고 여기서 다르고 저기서 다를 경우 다음 진술할 때 번복하여 이를 바로 잡으려고 하면 진술에 일관성이 없어 믿을 수 없는 진술이라고 여겨지고 이로 인하여 불기소처분이 되거나 불송치 결정이 될 가능성이 아주 높아집니다.

고소장을 스스로 작성하기 어려운 분은 별지 첨부한 실제 피해입은 사례별로 작성한 고소장 최신서식을 활용하여 참고하는 식으로 작성하고 프린트하여 피고소인의 주소지를 관할하는 지방검찰청이나 지청 그리고 경찰서에 접수하시면 됩니다.

다만 피고소인의 인적사항을 알지 못하고 기본정보로 휴대전화, 아이디, 닉네임, 이메일주소 등을 알고 있는 경우 고소장에 기본정보를 기재하고 고소인의 주소지를 관할하는 지방검찰청이나 지청 그리고 경찰서에 고소장을 접수하시면 수사를 담당하는 검사나 사법경찰관이 그 기본정보를 활용하여 압수수색 영장을 발부받은 다음 추적 수사하여 대대적인 조사가 이루어지고 고소인의 목적을 달성할 수 있습니다.

제3장 수사중지 참고인중지

1. 수사중지 이유

사법경찰관은 1.피의자가 소재불명이거나 2개월 이상 해외에 체류. 중병 등의 사유로 상당한 기간 동안 피의자나 참고인에 대한 조사가 불가능하여 수사를 종결할 수 없는 경우 2.의료사고·교통사고·특허침해 등 사건의 수사 종결을 위해 전문가의 감정이 필요하나 그 감정에 상당한 시일이 소요되는 경우 3.다른 기관의 결정이나 법원의 재판 결과가 수사의 종결을 위해 필요하나 그 결정이나 재판에 상당한 시일이 소요되는 경우 4.수사의 종결을 위해 필요한 중요 증거자료가 외국에 소재하고 있어 이를 확보하는 데 상당한 시일이 소요되는 경우에는 수사중지 결정을 할 수 있습니다.

2. 참고인중지

참고인·고소인·고발인·피해자 또는 같은 사건 피의자의 소재불명으로 수사를 종결할 수 없는 경우에는 참고인중지 결정을 할 수 있습니다.

3. 수사중지 사유 해소 확인 및 지명수배

사법경찰관은 수사중지의 결정을 하는 경우에는 수사중지 결정서를 작성하여 사건기록에 편철하고 사법경찰관리는 수사중지 결정을 한 경우에는 매월 1회 이상 해당 수사중지 사유가 해소되었는지를 확인해야 합니다.

사법경찰관은 소재불명의 사유로 수사중지를 하려는 경우에는 소재수사 보고서를 작성하여 사건기록에 편철하고, 사법경찰관리는 소재불명의 사유로 수사중지된 사건의 경우 매 분기 1회 이상 소재수사를 하는 등 수사중지 사유 해소를 위해 노력해야 하고, 사법경찰관은 피의자의 소재불명을 이유로 수사중지 결정을 하려는 경우에는 지명수배 또는 지명통보를 해야 합니다.

4. 수사중지 결정 이의제기 절차

수사중지 및 참고인중지 결정에 대한 불복이 있는 고소인은 수사중지 결정을 통지받은 날부터 30일 이내에 해당 사법경찰관이 소속된 바로 위 상급경찰관서의 장(지방경찰청장)이나 해당 수사중지 결정을 한 그 사법경찰관이 소속된 경찰관서의 장(경찰서장)에 제출할 수 있고 이 경우 이의제기서를 제출받은 사법경찰관은 지체 없이 소속상급경찰관서장(지방경찰청장)에게 송부하여야 합니다.

소속상급경찰관서장(지방경찰청장)은 수사중지 참고인중지 결정에 대한 이의제기서를 제출받거나 송부 받은 날부터 30일 이내에 1.사건 재개 지시를 할 수 있는데 이 경우에는 담당 사법경찰관리의 교체를 함께 지시할 수 있고 2.상급경찰관서 이송을 지시하는 결정을 하고 해당 사법경찰관의 소속수사부서장(수사과장)에게 이를 통보하고, 이의제기가 이유 없는 경우에는 불수용하는 결정을 합니다.

위 결정을 통보받은 소속수사부서장(수사과장)은 지체 없이 이를 이행하고 소속상급경찰관서장(지방경찰청장)에게 이행 결과를 보고해야 합니다.

소속상급경찰관서장(지방경찰청장)은 1.사건 재개 지시를 할 수 있고 이 경우에는 담당 사법경찰관리의 교체를 함께 지시할 수 있고 2.상급경찰관서 이송을 지시하는 결정을 한 날부터 7일 이내에 수사중지사건 이의처리결과 통지서에 처리 결과와 그 이유를 적어 이의를 제기한 고소인에게 통지하여야 합니다.

5. 수사중지사건의 수사재개

사법경찰관은 수사중지된 사건의 피의자를 발견하는 등 수사중지 사유가 해소된 때에는 수사중지사건 수사재개서를 작성하여 사건기록에 편철하고 즉시 수사를 진행해야 합니다.

6. 이의제기의 이유

수사중지 참고인중지 결정에 대한 이의제기에 따른 이유는 이의제기 이유만

지방경찰청장이 읽고도 사법경찰관이 한 수사중지 참고인중지 결정이 잘못됐다는 것을 바로 알 수 있도록 작성하고 그 이유를 구체적으로 기재하고 설명하여야 합니다.

사법경찰관이 피의자가 소재불명의 이유로 수사중지 결정을 하였으나 고소인이 여러 번 피의자를 목격하였고 피의자는 현재 어디에 거주하고 있음에도 피의자가 의도적으로 주민등록을 말소시켜 놓고 다른 곳에서 버젓이 살고 있다는 사실을 주장하고,

사법경찰관은 피의자가 2개월 이상 해외에 체류하고 있다는 이유로 수사중지 결정을 하였으나 피의자는 해외를 나간 사실도 없고 언제 어디에서 누구와 골프를 치고 있다는 사실을 입증하거나,

피의자가 중병 등의 사유로 상당한 기간 동안 조사를 할 수 없다는 이유로 수사중지 결정을 하였으나 중병으로 입원한 사실도 없고 멀쩡하게 돌아다니는 것을 목격한 사실을 입증하거나,

사법경찰관이 피의자가 범행을 부인하고 있어 참고인의 진술을 받아야 수사를 종결할 수 있는데 참고인에 대한 소재가 불분명하다는 이유로 참고인중지 결정을 하였으나 고소인이 피의자와 참고인이 여러 차례 만나는 것을 목격하였고 참고인은 피의자가 운영하는 회사에 출근하고 있다는 사실을 입증하고,

그 이유를 구체적으로 기재하고 수사중지의 부당함을 강조하여야 고소인의 이의제기를 지방경찰청장이 받아들여 재기수사를 명령을 하는 등 고소인의 목적을 달성할 수 있습니다.

제4장 수사관 교체요청 방법

1. 대상

 사법경찰관이 조사과정에서 (1) 고소인이나 피고소인에게 욕설을 하거나 가혹행위 등 인권침해나 편파수사를 하는 경우 (2) 당해 고소 고발 사건과 관련해 금품을 받았거나 의심되는 구체적 사유가 있는 경우 (3) 고소인과 피고소인과의 친척 등 수사관의 개인적 친분 관계로 인해 수사의 공정성이 의심되는 경우 (4) 기타 공정한 수사를 위해 수사관 교체가 필요한 경우 등의 경우에는 수사관의 교체를 요청할 수 있습니다.

2. 해당되는 사건

 고소, 고발, 진정, 탄원 등 모든 수사민원사건과 뺑소니를 제외한 교통사고사건이 모두 해당됩니다.

3. 수사관 교체요청 방법

 수사관교체요청신청서를 작성해 수사 중에 있는 해당 경찰서의 청문감사실로 제출하면 됩니다.

4. 처리절차

 첫째, 교체 요청이 해당 경찰서 수사과와 형사과에서 수용되면 즉시 수사관이 교체됩니다.

 둘째, 만약에 받아들여지지 않으면 경찰서'공정수사위원회'에서 수사관 교체여부를 심사해 결정합니다.

 셋째, 수사관 교체 결과와 공정수사위원회 심사결과는 즉시 민원인께 통보해 드립니다.

5. 수사권교체요청서 활용방법

수사를 받고 있는 고소인이나 피고소인이 담당 조사관이나 수사관을 바꿔달라고 신청하는 수사관교체요청서를 별지에 첨부하였으니 참조하시기 바랍니다.

제5장 새로운 고소장 최신서식

고 　 소 　 장

고 　소 　인 : 　○ 　　　○ 　　　○

피 　고 　소 　인 : 　○ 　　　○ 　　　○

전라남도 해남경찰서장 귀중

고 　 소 　 장

1.고소인

성　　명	○ ○ ○	주민등록번호	생략
주　　소	전라남도 완도군 완도읍 ○○로 ○길 ○○, ○○○호		
직　　업	생략	사무실 주　소 생략	
전　　화	(휴대폰) 010 - 2890 - 0000		
대리인에 의한 고　　소	☐ 법정대리인 (성명 : 　　, 　　연락처 　　　　) ☐ 소송대리인 (성명 : 변호사, 　연락처 　　　　)		

2.피고소인

성　　명	○ ○ ○	주민등록번호	생략
주　　소	전라남도 해남군 해남읍 ○○로 ○○길 ○○○,		
직　　업	상업	사무실 주　소 생략	
전　　화	(휴대폰) 010 - 8754 - 0000		
기타사항	고소인과의 관계 - 친·인척관계 없습니다.		

3.고소취지

　　고소인은 피고소인에 관하여 다음과 같이 형법 제323조 권리행사방해죄로 고소하오니 법에 준엄함을 깨달을 수 있도록 철저히 수사하여 엄벌에 처해 주시기 바랍니다.

4.범죄사실

　(1) 피고소인은 ○○○○. ○○. ○○. 피고소인 소유의 전남 ○○머○○○○

호 지게차를 고소인에게 보증금 500만원에 임대료 월 90만원으로 1년(12개월)간 임대차계약을 맺고 동시에 3개월분의 임대료 270만원을 교부받았습니다.

(2) 그리고 위 지게차 운행권리 일체를 대여하고 고소인은 그 지게차를 다음날부터 인도받아 전라남도 완도군 ○○로 ○○, 자기 집 차고에 보관하면서 ○○건축공사장에서 지게차를 운행하고 있었습니다.
그러던 중 피고소인은 그 지게차의 임대료가 너무 싸다고 생각하여 고소인에게 임대료의 인상을 요구하고 나섰습니다.

(3) 이에 고소인이 단호히 거절하자 피고소인은 ○○○○. ○○. ○○. 20:40경 위 지게차의 차고에서 전라남도 해남군 해남읍 ○○로 ○○,에 있는 피고소인의 차고로 옮겨감으로써 고소인의 위 지게자운행의 권리행사를 방해하였습니다.
이에 고소인은 피고소인을 형법 제323조 권리행사방해죄로 고소하오니 철저히 수사하여 법에 준엄함을 깨달을 수 있도록 엄벌에 처하여 주시기 바랍니다.

5.증거자료

☐ 고소인은 고소인의 진술 외에 제출할 증거가 없습니다.

■ 고소인은 고소인의 진술 외에 제출할 증거가 있습니다.

☞ 제출할 증거의 세부내역은 별지를 작성하여 첨부합니다.

6.관련사건의 수사 및 재판여부

① 중복 소여부	본 고소장과 같은 내용의 고소장을 다른 검찰청 또는 경찰서에 제출하거나 제출하였던 사실이 있습니다 □ / 없습니다 ■
② 관련 형사사건 수사유무	본 고소장에 기재된 범죄사실과 관련된 사건 또는 공범에 대하여 검찰청이나 경찰서에서 수사 중에 있습니다 □ / 수사 중에 있지 않습니다 ■
③ 관련 민사소송 유무	본 고소장에 기재된 범죄사실과 관련된 사건에 대하여 법원에서 민사소송 중에 있습니다 □ / 민사소송 중에 있지 않습니다 ■

7.기타

　본 고소장에 기재한 내용은 고소인이 알고 있는 지식과 경험을 바탕으로 모두 사실대로 작성하였으며, 만일 허위사실을 고소하였을 때에는 형법 제156조 무고죄로 처벌받을 것임을 아울러 서약합니다.

○○○○ 년 ○○ 월 ○○ 일

위 고소인 : ○ ○ ○　(인)

전라남도 해남경찰서장 귀중

별지 : 증거자료 세부 목록

(범죄사실 입증을 위해 제출하려는 증거에 대하여 아래 각 증거별로 해당 난을 구체적으로 작성해 주시기 바랍니다)

1. 인적증거

성 명	○ ○ ○	주민등록번호		생략	
주 소	전라남도 완도군 완도읍 ○○로 ○○			직업	직원
전 화	(휴대폰) 010 - 9876 - 0000				
입증하려는 내 용	위 ○○○은 피고소인이 고소인에게 지게차를 임대한 과정에서 부터 몰래 자신의 집으로 지게차를 옮겨간 사실을 목격하거나 알고 있으므로 이를 입증하고자 합니다.				

2. 증거서류

순번	증 거	작성자	제출 유무	
1	지게차임대계약서	피고소인	■ 접수시 제출	□ 수사 중 제출
2	진술서	고소인	■ 접수시 제출	□ 수사 중 제출
3			□ 접수시 제출	□ 수사 중 제출
4			□ 접수시 제출	□ 수사 중 제출
5			□ 접수시 제출	□ 수사 중 제출

3. 증거물

순번	증 거	작성자	제출 유무	
1	진술서 등	고소인	■ 접수시 제출	□ 수사 중 제출
2			□ 접수시 제출	□ 수사 중 제출
3			□ 접수시 제출	□ 수사 중 제출
4			□ 접수시 제출	□ 수사 중 제출
5			□ 접수시 제출	□ 수사 중 제출

4. 기타증거

추후 필요에 따라 제출하겠습니다.

【고소장2】 주거침입죄 주거에 침입하여 물건을 발로 차는 등 행해를 부려
처벌요구 고소장 최신서식

고　　　소　　　장

고　소　인　:　○　　　　○　　　　○

피　고　소　인　:　○　　　　○　　　　○

부산시 동래경찰서장 귀중

고　　소　　장

1.고소인

성　　명	○ ○ ○	주민등록번호	생략
주　　소	부산시 ○○구 ○○로 ○○길 ○○, ○○○호		
직　　업	상업	사무실 주　소	생략
전　　화	(휴대폰) 010 - 9876 - 0000		
대리인에 의한 고　　소	□ 법정대리인 (성명:　　,　　　연락처　　　　　　) □ 소송대리인 (성명: 변호사,　　연락처　　　　　　)		

2.피고소인

성　　명	○ ○ ○	주민등록번호	생략
주　　소	무지		
직　　업	상업	사무실 주　소	생략
전　　화	(휴대폰) 010 - 9122 - 0000		
기타사항	고소인과의 관계 - 친·인척관계 없습니다.		

3.고소취지

　　고소인은 피고소인을 형법 제319조 제1항 주거침입죄로 고소하오니 철저히 수사하여 법에 준엄함을 깨달을 수 있도록 엄벌에 처하여 주시기 바랍니다.

4.범죄사실

(1) 적용법조

① 형법 제319조 제1항 주거침입죄

사람의 주거, 관리하는 건조물, 선박이나 항공기 또는 점유하는 방실에 침입한 자는 3년 이하의 징역 또는 500만 원 이하의 벌금에 처합니다.

(2) 이 사건 범죄사실

가, 피고소인은 일정한 직업이 없는 자로써 간혹 주택가 주변에 버려진 박스 등을 수집하던 중 ○○○○. ○○. ○○. 오후 9시30분경 평소 알게 된 ○○○의 딸을 간음할 목적으로,

나, 부산시 ○○구 ○○로 ○○길 ○○○, ○○○호에 침입하였고, ○○○에게 발각되어 즉시 퇴거를 명하였으나 이에 불응하며 30분이 넘도록 욕설을 퍼붓고 집안에 있던 항아리를 발로 차고 난동까지 부렸습니다.

다, 이에 피고소인을 주거침입죄로 고소하오니 철저히 수사하여 법의 준엄함을 깨달을 수 있도록 엄벌에 처하여 주시기 바랍니다.

5.증거자료

□ 고소인은 고소인의 진술 외에 제출할 증거가 없습니다.

■ 고소인은 고소인의 진술 외에 제출할 증거가 있습니다.

☞ 제출할 증거의 세부내역은 별지를 작성하여 첨부합니다.

6.관련사건의 수사 및 재판여부

① 중복 고소여부	본 고소장과 같은 내용의 고소장을 다른 검찰청 또는 경찰서에 제출하거나 제출하였던 사실이 있습니다 □ / 없습니다 ■
② 관련 형사사건 수사유무	본 고소장에 기재된 범죄사실과 관련된 사건 또는 공범에 대하여 검찰청이나 경찰서에서 수사 중에 있습니다 □ / 수사 중에 있지 않습니다 ■
③ 관련 민사소송 유무	본 고소장에 기재된 범죄사실과 관련된 사건에 대하여 법원에서 민사소송 중에 있습니다 □ / 민사소송 중에 있지 않습니다 ■

7.기타

　본 고소장에 기재한 내용은 고소인이 알고 있는 지식과 경험을 바탕으로 모두 사실대로 작성하였으며, 만일 허위사실을 고소하였을 때에는 형법 제156조 무고죄로 처벌받을 것임을 아울러 서약합니다.

○○○○ 년 ○○ 월 ○○ 일

위 고소인 : ○　○　○　(인)

부산시 동래경찰서장 귀중

별지 : 증거자료 세부 목록

(범죄사실 입증을 위해 제출하려는 증거에 대하여 아래 각 증거별로 해당 난을 구체적으로 작성해 주시기 바랍니다)

1. 인적증거

성 명	○ ○ ○	주민등록번호	생략		
주 소	부산시 ○○구 ○○로 ○○길 ○○○,			직업	회사원
전 화	휴대폰) 010 - 7764 - 0000				
입증하려는 내 용	위 ○○○은 고소인의 집 옆방에 거주하는 자로서 피고소인이 고소인의 주거에 침입하여 항아리를 발로 차는 등 행패를 부린 사실을 직접 목격한 사실을 입증하고자 합니다.				

2. 증거서류

순번	증 거	작성자	제출 유무	
1	스크린 샷	고소인	■ 접수시 제출	□ 수사 중 제출
2	진술서	고소인	■ 접수시 제출	□ 수사 중 제출
3			□ 접수시 제출	□ 수사 중 제출
4			□ 접수시 제출	□ 수사 중 제출
5			□ 접수시 제출	□ 수사 중 제출

3. 증거물

순번	증 거	작성자	제출 유무	
1	스크린 샷	고소인	■ 접수시 제출	□ 수사 중 제출
2			□ 접수시 제출	□ 수사 중 제출
3			□ 접수시 제출	□ 수사 중 제출
4			□ 접수시 제출	□ 수사 중 제출
5			□ 접수시 제출	□ 수사 중 제출

4. 기타증거

추후 필요에 따라 제출하겠습니다.

【고소장3】 퇴거불응죄 여러 차례에 걸쳐 퇴거를 요구하였으나 불응하여 처벌을 요구하는 고소장 최신서식

고　　소　　장

고　소　인 :　○　　　○　　　○

피　고　소인 :　○　　　○　　　○

충청북도 충주경찰서장 귀중

고 　 소 　 장

1.고소인

성　　명	○ ○ ○	주민등록번호	생략
주　　소	충청북도 충주시 ○○로 ○○길 ○○, ○○○호		
직　　업	상업	사무실 주　소	생략
전　　화	(휴대폰) 010 - 2345 - 0000		
대리인에 의한 고　　소	□ 법정대리인 (성명 :　　　，　　　연락처　　　　) □ 소송대리인 (성명 : 변호사，　　연락처　　　　)		

2.피고소인

성　　명	○ ○ ○	주민등록번호	생략
주　　소	충청북도 충주시 ○○로 ○○길 ○○, ○○○호		
직　　업	상업	사무실 주　소	생략
전　　화	(휴대폰) 010 - 9122 - 0000		
기타사항	고소인과의 관계 - 친·인척관계 없습니다.		

3.고소취지

　　고소인은 피고소인을 형법 제319조 제2항 퇴거불응죄로 고소하오니 철저히 수사하여 법에 준엄함을 깨달을 수 있도록 엄벌에 처하여 주시기 바랍니다.

4.범죄사실

(1) 적용법조

① 형법 제319조 제2항 퇴거불응죄
형법 제319조 제1항 주거침입의 장소에서 퇴거요구를 받고 응하지 아니한 자도 3년 이하의 징역 또는 500만 원 이하의 벌금에 처합니다.

(2) 이 사건 범죄사실

가, 고소인은 충청북도 충주시 ○○로 ○길 ○○,에서 ○○○이라는 대형 나이트클럽을 운영하고 있는데 피고소인은 고소인이 위 나이트클럽을 인수하기 전 종업원으로 근무하면서 부채관계가 있다며 고소인에게 이를 인수해 달라면서 위 나이트클럽의 사무실로 수차에 걸쳐 찾아왔으나 고소인이 이를 거절하자

나, 피고소인은 최근에 들어서는 고소인의 집으로 찾아와 무릎을 꿇고 사정을 하는 등 계속해서 찾아오는 바람에 대문을 열어 주지도 않았는데 가진 거짓말을 다하면서 고소인의 가정부에게 문을 열어 달라고 해서 고소인의 주거에 들어와서는 고소인이 퇴거를 요구하였으나 피고소인은 퇴거를 하지 않고 오히려 고함을 지르면서 고소인의 퇴거요구에 불응한 사실은 형법 제319조 제2항의 퇴거불응죄에 해당한다 할 것이므로 이에 피고소인을 퇴거불응죄로 고소하오니 피고소인을 조사하여 의법 처단하여 주시기 바랍니다.

5.증거자료

□ 고소인은 고소인의 진술 외에 제출할 증거가 없습니다.

■ 고소인은 고소인의 진술 외에 제출할 증거가 있습니다.

☞ 제출할 증거의 세부내역은 별지를 작성하여 첨부합니다.

6.관련사건의 수사 및 재판여부

① 중복 고소여부	본 고소장과 같은 내용의 고소장을 다른 검찰청 또는 경찰서에 제출하거나 제출하였던 사실이 있습니다 □ / 없습니다 ■
② 관련 형사사건 수사유무	본 고소장에 기재된 범죄사실과 관련된 사건 또는 공범에 대하여 검찰청이나 경찰서에서 수사 중에 있습니다 □ / 수사 중에 있지 않습니다 ■
③ 관련 민사소송 유무	본 고소장에 기재된 범죄사실과 관련된 사건에 대하여 법원에서 민사소송 중에 있습니다 □ / 민사소송 중에 있지 않습니다 ■

7.기타

본 고소장에 기재한 내용은 고소인이 알고 있는 지식과 경험을 바탕으로 모두 사실대로 작성하였으며, 만일 허위사실을 고소하였을 때에는 형법 제156조 무고죄로 처벌받을 것임을 아울러 서약합니다.

○○○○ 년 ○○ 월 ○○ 일

위 고소인 : ○ ○ ○ （인）

충청북도 충주경찰서장 귀중

별지 : 증거자료 세부 목록

(범죄사실 입증을 위해 제출하려는 증거에 대하여 아래 각 증거별로 해당 난을 구체적으로 작성해 주시기 바랍니다)

1. 인적증거

성 명	○ ○ ○	주민등록번호	생략	
주 소	경기도 ○○시 ○○로 ○○길 ○○○,		직업	가정부
전 화	(휴대폰) 010 - 2345 - 0000			
입증하려는 내 용	위 ○○○은 고소인의 집에서 일을 하는 분으로 피고소인의 부탁을 받고 문을 열어준 사실과 퇴거를 고소인이 요구하였으나 이에 불응한 사실을 직접 목격한 사실을 입증하고자 합니다.			

2. 증거서류

순번	증 거	작성자	제출 유무	
1	스크린 샷	고소인	■ 접수시 제출	□ 수사 중 제출
2	진술서	고소인	■ 접수시 제출	□ 수사 중 제출
3			□ 접수시 제출	□ 수사 중 제출
4			□ 접수시 제출	□ 수사 중 제출
5			□ 접수시 제출	□ 수사 중 제출

3. 증거물

순번	증 거	작성자	제출 유무	
1	스크린 샷	고소인	■ 접수시 제출	□ 수사 중 제출
2			□ 접수시 제출	□ 수사 중 제출
3			□ 접수시 제출	□ 수사 중 제출
4			□ 접수시 제출	□ 수사 중 제출
5			□ 접수시 제출	□ 수사 중 제출

4. 기타증거

추후 필요에 따라 제출하겠습니다.

【고소장4】 신용훼손죄 부도직전에 있고 문을 닫는 다는 허위사실을 유포하여 처벌요구 고소장 최신서식

고　　　소　　　장

고　소　인 : ○　　　○　　　○

피　고　소　인 : ○　　　○　　　○

부산시 해운대경찰서장 귀중

고　　소　　장

1.고소인

성　　명	○ ○ ○	주민등록번호	생략
주　　소	부산시 해운대구 재반로 ○○길 ○○, ○○○호		
직　　업	생략	사무실 주　소	생략
전　　화	(휴대폰) 010 - 7700 - 0000		
대리인에 의한 고　　소	□ 법정대리인 (성명 :　　　,　　　연락처　　　　　　) □ 소송대리인 (성명 : 변호사,　　　연락처　　　　　　)		

2.피고소인

성　　명	○ ○ ○	주민등록번호	생략
주　　소	부산시 연제구 ○○로 ○○길 ○○○,		
직　　업	상업	사무실 주　소	생략
전　　화	(휴대폰) 010 - 9345 - 0000		
기타사항	고소인과의 관계 - 친·인척관계 없습니다.		

3.고소취지

　　고소인은 피고소인에 관하여 다음과 같이 형법 제313조 신용훼손죄로 고소하오니 법에 준엄함을 깨달을 수 있도록 철저히 수사하여 엄벌에 처해 주시기 바랍니다.

4.범죄사실

(1) 피고소인은 고소인과 같이 ○○○시장에서 같은 수입건강식품판매업을 하고 있습니다.

(2) 평소에 고소인이 좋은 제품을 선별하여 제품을 많이 팔고 수익을 많이 올리는 것에 대하여 피고소인이 이에 시기를 하고 있던 중, ○○○○. ○○. ○○. ○○:○○경 피고소인이 살고 있는 부산시 해운대구 ○○로 ○○, ○○아파트의 단지 내 반상회에 참석하여 고소인이 주식과 어떤 곳에 투자를 잘못하여 운영하던 건강식품회사와 사채업자들이 가압류를 하여 아마 더 이상은 영업을 하기 힘들 거라고 말하였습니다.

(3) 고소인의 지불능력에 대한 사회적 신뢰를 저하시킬 우려가 있는 허위의 발언을 한 사실이 있습니다.

(4) 이에 고소인은 피고소인을 형법 제313조 신용훼손죄로 고소하오니 철저히 수사하여 법에 준엄함을 깨달을 수 있도록 엄벌에 처해 주시기 바랍니다.

5.증거자료

☐ 고소인은 고소인의 진술 외에 제출할 증거가 없습니다.
■ 고소인은 고소인의 진술 외에 제출할 증거가 있습니다.

☞ 제출할 증거의 세부내역은 별지를 작성하여 첨부합니다.

6.관련사건의 수사 및 재판여부

① 중복 고소여부	본 고소장과 같은 내용의 고소장을 다른 검찰청 또는 경찰서에 제출하거나 제출하였던 사실이 있습니다 □ / 없습니다 ■
② 관련 형사사건 수사유무	본 고소장에 기재된 범죄사실과 관련된 사건 또는 공범에 대하여 검찰청이나 경찰서에서 수사 중에 있습니다 □ / 수사 중에 있지 않습니다 ■
③ 관련 민사소송 유무	본 고소장에 기재된 범죄사실과 관련된 사건에 대하여 법원에서 민사소송 중에 있습니다 □ / 민사소송 중에 있지 않습니다 ■

7.기타

본 고소장에 기재한 내용은 고소인이 알고 있는 지식과 경험을 바탕으로 모두 사실대로 작성하였으며, 만일 허위사실을 고소하였을 때에는 형법 제156조 무고죄로 처벌받을 것임을 아울러 서약합니다.

○○○○ 년 ○○ 월 ○○ 일

위 고소인 : ○ ○ ○   (인)

부산시 해운대경찰서장 귀중

별지 : 증거자료 세부 목록

(범죄사실 입증을 위해 제출하려는 증거에 대하여 아래 각 증거별로 해당 난을 구체적으로 작성해 주시기 바랍니다)

1. 인적증거

성 명	○ ○ ○	주민등록번호	생략	
주 소	부산시 해운대구 ○○로 ○○, ○○○호		직업	상업
전 화	(휴대폰) 010 - 4432 - 0000			
입증하려는 내 용	위 ○○○은 피고소인이 반상회에 참석하여 여러 사람들이 모여있는 자리에서 고소인이 투자를 잘못 해서 부도날 것이라는 말을 직접 듣고 알고 있으므로 이를 입증하고자 합니다.			

2. 증거서류

순번	증 거	작성자	제출 유무	
1	녹취록	피고소인	■ 접수시 제출	□ 수사 중 제출
2	진술서	고소인	■ 접수시 제출	□ 수사 중 제출
3			□ 접수시 제출	□ 수사 중 제출
4			□ 접수시 제출	□ 수사 중 제출
5			□ 접수시 제출	□ 수사 중 제출

3. 증거물

순번	증 거	작성자	제출 유무	
1	진술서	고소인	■ 접수시 제출	□ 수사 중 제출
2			□ 접수시 제출	□ 수사 중 제출
3			□ 접수시 제출	□ 수사 중 제출
4			□ 접수시 제출	□ 수사 중 제출
5			□ 접수시 제출	□ 수사 중 제출

4. 기타증거

추후 필요에 따라 제출하겠습니다.

【고소장5】 업무방해죄 임차인의 점포에 손님을 내 보내고 행패를 부려 처
벌을 요구하는 고소장 최신서식

고　　　소　　　장

울산시 울주경찰서장 귀중

고　소　인 :　○　　　○　　　○

피　고　소　인 :　○　　　○　　　○

고 　　소 　　장

1. 고소인

성 명	○ ○ ○	주민등록번호	생략
주 소	울산시 울주군 범서읍 ○○로 ○길 ○○, ○○○호		
직 업	생략	사무실 주 소	생략
전 화	(휴대폰) 010 - 1248 - 0000		
대리인에 의한 고 소	□ 법정대리인 (성명 : 　, 　연락처 　　) □ 소송대리인 (성명 : 변호사, 　연락처 　　)		

2. 피고소인

성 명	○ ○ ○	주민등록번호	생략
주 소	울산시 ○○구 ○○로 ○번길 ○○, ○○○호		
직 업	무직	사무실 주 소	생략
전 화	(휴대폰) 010 - 9987 - 0000		
기타사항	고소인과의 관계 - 친·인척관계 없습니다.		

3. 고소취지

　　고소인은 피고소인에 관하여 다음과 같이 형법 제314조 업무방해죄로 고소하오니 법에 준엄함을 깨달을 수 있도록 철저히 수사하여 엄벌에 처해 주시기 바랍니다.

4.범죄사실

(1) 고소인은 ○○○○. ○○. ○○.부터 피고소인이 분양받은 울산시 울주군 ○○읍 ○○로 ○○, ○○건물 내의 점포 약 ○○평에 대하여 보증금 3,000만원, 월차임 200만원, 임차기간 3년으로 임차하여 ○○○라는 상호로 여성의류를 판매하고 있었는데 영업부진으로 ○○○○. ○○.분부터 ○○.분의 월임대료를 3개월간 연체하게 되었습니다.

(2) 피고소인은 ○○○○. ○○. ○○. ○○:○○경 만취한 상태에서 고소인이 경영하는 위 점포로 찾아와서 월세를 내놓으라며 고래고래 큰소리를 치면서 행패를 부리는 바람에 점포 안에서 옷을 고르던 손님들이 놀라 도망가게 하였습니다.

(3) 고소인은 피고소인에게 고소인이 지급한 보증금에서 고소인이 지급하지 못한 월세를 공제한 나머지를 돌려주면 언제라도 점포를 비워주겠다고 하였음에도 불구하고 피고소인은 술만 먹으면 느닷없이 가게 안으로 들어와 옷을 보고 있는 여자 손님을 향하여 고래고래 소리를 지르고 손님들을 밖으로 내 쫓고 있습니다.

(4) 그 이후에도 피고소인은 툭하면 술을 한없이 먹고 찾아와서 가게 안을 기웃거리며 고소인에게 욕을 하는 등 영업을 방해한 사실로 인하여 고소인은 도저히 장사를 할 수 없는 지경에까지 이르렀습니다.

(5) 이에 고소인은 피고소인을 업무방해죄로 고소하오니 철저히 수사하여 법에 준엄함을 절실히 깨달을 수 있도록 엄벌에 처하여 주시기 바랍니다.

5.증거자료

☐ 고소인은 고소인의 진술 외에 제출할 증거가 없습니다.

■ 고소인은 고소인의 진술 외에 제출할 증거가 있습니다.

☞ 제출할 증거의 세부내역은 별지를 작성하여 첨부합니다.

6.관련사건의 수사 및 재판여부

① 중복 고소여부	본 고소장과 같은 내용의 고소장을 다른 검찰청 또는 경찰서에 제출하거나 제출하였던 사실이 있습니다 □ / 없습니다 ■
② 관련 형사사건 수사유무	본 고소장에 기재된 범죄사실과 관련된 사건 또는 공범에 대하여 검찰청이나 경찰서에서 수사 중에 있습니다 □ / 수사 중에 있지 않습니다 ■
③ 관련 민사소송 유무	본 고소장에 기재된 범죄사실과 관련된 사건에 대하여 법원에서 민사소송 중에 있습니다 □ / 민사소송 중에 있지 않습니다 ■

7.기타

본 고소장에 기재한 내용은 고소인이 알고 있는 지식과 경험을 바탕으로 모두 사실대로 작성하였으며, 만일 허위사실을 고소하였을 때에는 형법 제156조 무고죄로 처벌받을 것임을 아울러 서약합니다.

○○○○ 년 ○○ 월 ○○ 일

위 고소인 : ○ ○ ○   (인)

울산시 울주경찰서장 귀중

별지 : 증거자료 세부 목록

(범죄사실 입증을 위해 제출하려는 증거에 대하여 아래 각 증거별로 해당 난을 구체적으로 작성해 주시기 바랍니다)

1. 인적증거

성 명	○ ○ ○	주민등록번호	생략		
주 소	○○시 ○○로 ○길 ○○, ○○○호			직업	상업
전 화	(휴대폰) 010 - 7767 - 0000				
입증하려는 내 용	위 ○○○은 고소인이 운영하는 점포에서 옷을 보고 있던 중 피고인이 술을 먹고 들어와 소리를 지르고 행패를 부린 것을 직접 목격하여 이를 입증하고자 합니다.				

2. 증거서류

순번	증 거	작성자	제출 유무	
1	스크린 샷	고소인	■ 접수시 제출	□ 수사 중 제출
2			□ 접수시 제출	□ 수사 중 제출
3			□ 접수시 제출	□ 수사 중 제출
4			□ 접수시 제출	□ 수사 중 제출
5			□ 접수시 제출	□ 수사 중 제출

3. 증거물

순번	증 거	작성자	제출 유무	
1	진술서	고소인	■ 접수시 제출	□ 수사 중 제출
2			□ 접수시 제출	□ 수사 중 제출
3			□ 접수시 제출	□ 수사 중 제출
4			□ 접수시 제출	□ 수사 중 제출
5			□ 접수시 제출	□ 수사 중 제출

4. 기타증거

추후 필요에 따라 제출하겠습니다.

【고소장6】 불법채권추심 추심업체직원이 협박, 개인정보누설 등 처벌을 요
구하는 고소장 최신서식

고　　　소　　　장

고　소　인 : ○　　　○　　　　○

피　고　소　인 : ○　　　○　　　　○

부산시 해운대경찰서장 귀중

고　　　소　　　장

1.고소인

성　　명	○ ○ ○	주민등록번호	생략
주　　소	부산시 해운대구 재반로 ○○길 ○○, ○○○호		
직　　업	생략 / 사무실 주소		생략
전　　화	(휴대폰) 010 - 7700 - 0000		
대리인에 의한 고　　소	□ 법정대리인 (성명 : ,　　연락처　　) □ 소송대리인 (성명 : 변호사,　　연락처　　)		

2.피고소인

성　　명	○ ○ ○	주민등록번호	생략
주　　소	부산시 연제구 ○○로 ○○길 ○○○,		
직　　업	상업 / 사무실 주소		생략
전　　화	(휴대폰) 010 - 9345 - 0000		
기타사항	고소인과의 관계 - 친·인척관계 없습니다.		

3.고소취지

　　고소인은 피고소인을 협박죄, 주거침입죄, 신용정보이용및보호에관한법률위반 (불법추심, 신용정보 업무상 목적 외 누설)으로 고소하오니 철저히 수사하여 법에 준엄함을 깨달을 수 있도록 엄벌에 처해 주시기 바랍니다.

4.범죄사실

(1) 고소인 및 피고소인의 지위

○ 고소인은 에쿠스 승용차를 구입하면서 ○○캐피탈과 ○○○○. ○○. ○○. 수시 상환 만기연장이라는 조건으로 할부계약을 체결하고 위 할부채무에 대하여 고소인 소유의 위 에쿠스 승용차에 채권최고액 ○,○○○만원으로 하는 근저당을 ○○○○. ○○. ○○. 설정해준 자이고,

○ 피고소인은 주식회사 ○○캐피탈 소속 채권추심 담당직원입니다.

(2) 사건의 경위와 피고소인의 불법 행위

가. ○○캐피탈의 기간 연장 거부 및 일시금 상환 청구로 인한 연체

① 고소인은 ○○○○. ○○. ○○.부터 ○○○○. ○○. ○○.까지 약 2년 동안 위 ○○캐피탈 할부채무에 대하여 이자를 연체하지 않고 정상적으로 상환해왔습니다. 하지만, ○○캐피탈은 ○○○○. ○○. ○○. 고소인이 신용불량자로 등록되었다는 이유로 만기연장을 거부하고 일시 상환하던지 아니면 보증인을 세우라고 요구하였습니다.

② 이에 고소인은 어쩔 수 없이 고소인의 아버지를 보증인으로 세우려고 하였으나 ○○캐피탈은 나이가 많고 연봉이 적어 보증인 자격이 없다고 거절하며 막무가내로 일시 상환을 요구하였습니다.

③ 고소인은 ○,○○○만원이라는 돈을 일시 상환할 형편이 되지 않아 지금 현재는 어쩔 수 없이 연체 중이고 형편이 되는 데로 갚아나가고 있는 중입니다.

나. 피고소인의 협박

① 고소인은 자동차를 구입하면서 ○○캐피탈과 대출계약을 체결할 당시 대출 신청서에 어떠한 허위 사실을 기재한다거나 하는 기망행위를 한 적이 없습니다.(첨부한 자동차구입자금 대출 신청서 '대출연장신청서' 참조)

② 또 그 당시에는 고소인이 운영하던 ○○○○이라는 대리점이 영업이 잘 되고 있던 때라 신용에도 별다른 문제가 없었습니다. 신용이 양호하였기 때문에 자동차 구입 당시 보증인도 필요치 않았던 것입니다.

③ 그런데, ○○캐피탈의 채권 추심원인 피고소인은 고소인의 이러한 사정을 잘 알고 있어 고소인을 사기죄로 형사 고소하여 처벌시킬 수 없음을 명백히 알고 있음에도 불구하고 오로지 고소인에게 심리적 압박을 가할 목적으로 고소인에게 '형사처벌 시키겠다.' 라고 말하고 고소인의 어머니에게도 이러한 사실로 말하여 고소인과 고소인의 어머니 ○○○에게 두려움과 공포에 시달리게 하였으므로 형법 제283조 상의 협박죄를 범하였음이 명백합니다.

④ 여신전문금융업감독규정 제24조의8. 제1항 제5호에 의하면 '채무자가 결제능력 증빙 서류 등을 위조 또는 허위로 제출하여 신용카드업자를 적극적으로 기망하지 아니하였음에도 사기죄로 고소하겠다고 위협하거나 고소하는 행위'를 금지하고 있습니다.

⑤ 여신전문금융업감독규정이 위와 같은 규정을 둔 것은 이미 채무자에 대한 형사고소가 실제의 목적에서 벗어나 남용되고 있음이 명백한 것이라는 방증이라고 할 것입니다.

다. 피고소인의 주거침입 및 채무 내용 제3자 고지 및 허위사실 고지

① 피고소인은 ○○캐피탈의 채권 추심원으로서 고소인에게 할부 채무금을 갚으라고 요구하며 매일같이 고소인에게 전화하고 문자메시지를 보내는 등 고소인이 정상적인 사회생활을 하는데 방해가 될 정도의 심한 채권 추심을 하였습니다.

② 피고소인은 위와 같은 추심방법으로도 모자란다고 생각하였는지 ○○○○. ○○. ○○. 부산시 해운대구 재반로 ○○, 고소인의 집에 찾아와 고소인의 어머니가 고소인이 당시 집에 없다고 이야기 하며 집에 들어오지 말라고 경고하였음에도 불구하고 고소인의 어머니 말을 무시하고

집으로 들어와 고소인이 집에 있는지 여부를 확인한 뒤 고소인에게 전화를 한통 걸고는 고소인의 어머니께 "아들 고소인은 ○○○○. ○○. ○○. 형사고발 된다. 은행권 총 채무액이 무려 2억 원이다. 언제 다 갚겠느냐"라고 말을 하여 고소인의 채무 내역을 제3자인 고소인의 어머니에게 고지해버렸습니다.

③ 피고소인은 고소인의 어머니의 반대에도 불구하고 고소인의 집에 무단침입 하였으므로 형법 제319조 주거침입죄를 범하였습니다.

또한 고소인의 어머니에게 고소인의 채무에 대하여 알려줌으로서 신용정보이용및보호에관한법률 제26조 제7호의 나.목에서 금지하고 있는 제3자에 대한 채무사실 고지행위를 하였으며 고소인을 형사처벌 할 의사도 없고 고소인이 형사 처벌되지 않음이 객관적으로 명백함에도 불구하고 고소인의 어머니에게 '아들이 형사처벌 된다'고 말함으로서 동법 제26조 제7호의 다.목에서 금지하고 있는 제3자 허위 사실 고지행위를 하였습니다.

이와 같은 행위는 명백한 불법추심으로서 피고소인은 동법 제 32조 제2항 제8호에 따라 3년 이하의 징역 또는 5,000천만 원 이하의 벌금에 처해야 할 것입니다.

라. 피고소인의 신용정보이용및보호에관한법률 위반(업무상 목적외 신용정보누설)

① 신용정보이용및보호에관한법률 제27조 제1항에 의하면 "신용정보업자는 업무상 알게 된 타인의 신용정보 및 사생활 등 개인적 비밀을 업무목적 외로 누설 또는 이용하여서는 아니 된다."고 규정하고 있고 동법 제32조 제2항 제9목에서는 신용정보 누설 행위에 대하여 3년 이하의 징역 또는 3,000천만 원 이하의 벌금에 처하도록 규정하고 있습니다.

② ○○캐피탈 추심원인 피고소인은 고소인의 신용불량 정보에 대하여 열람할 수 있는 지위에 있습니다. 하지만, 신용정보를 열람을 할 수 있다고 해서 열람을 통해 알게 된 개인의 신용 불량 정보를 업무 목적 외로 타

인에게 함부로 누설하면 안 되는 것인데 제2의 다.항에서 보는 바와 같이 피고소인은 고소인의 어머니께 고소인의 총채무가 2억 원이나 된다고 말해 버려(고소인의 할부금 채무는 ○,○○○만원에 불과) 자신이 업무상 알게 된 고소인의 신용정보를 타인에게 누설하였음이 명백하므로 위 신용정보이용및보호에관한법률 위반으로 처벌되어야 할 것입니다.

(3) 피고소인의 범죄행위로 인한 피해 상황

한편, 고소인의 어머니는 피고소인으로부터 자식의 채무가 2억이 넘는다는 사실을 전해 듣고는 자식 걱정에 불안감에 휩싸여 그날로 쓰려져 전부터 앓던 우울증과 위염 증세가 더욱 악화되어 지금까지 바깥출입을 하지 못하는 등 고소인의 어머니가 겪고 있는 심리적 고통은 이만 저만이 아니라고 하겠습니다.(첨부자료 각'진단서'참조)

(4) 결론

가, 고소인의 ○,○○○만원 할부금 채무에 대하여는 이미 ○,○○○만원의 근저당이 설정되어 있어 고소인이 실제 상환해야할 금액은 ○○○만 원 정도입니다.

나, ○○캐피탈 추심원인 피고소인은 고소인의 채무 중 상당부분이 근저당이 설정되어 60%정도는 회수가 100% 가능함에도 불구하고 자신의 성과급을 받아내기 위해 채무자인 고소인에게 협박, 주거침입, 업무 목적 외 신용정보 누설, 제3자 고지, 허위 사실 고지 등 온갖 불법이라는 불법적 수단은 모두 동원하여 고소인과 고소인의 어머니를 괴롭혀온 반윤리적 악덕 추심업자입니다.

다, 불법 채권 추심은 채무자일 뿐인 개인에게는 인권 침해를, 국가와 사회에게는 선진 금융의 장애물로서 국가의 독이라고 할 것이므로 피고소인을 철저히 수사하여 법에 준엄함을 깨달을 수 있도록 엄벌에 처해 주시기 바랍니다.

5.증거자료

□ 고소인은 고소인의 진술 외에 제출할 증거가 없습니다.

■ 고소인은 고소인의 진술 외에 제출할 증거가 있습니다.

☞ 제출할 증거의 세부내역은 별지를 작성하여 첨부합니다.

6.관련사건의 수사 및 재판여부

① 중복 고소여부	본 고소장과 같은 내용의 고소장을 다른 검찰청 또는 경찰서에 제출하거나 제출하였던 사실이 있습니다 □ / 없습니다 ■
② 관련 형사사건 수사유무	본 고소장에 기재된 범죄사실과 관련된 사건 또는 공범에 대하여 검찰청이나 경찰서에서 수사 중에 있습니다 □ / 수사 중에 있지 않습니다 ■
③ 관련 민사소송 유무	본 고소장에 기재된 범죄사실과 관련된 사건에 대하여 법원에서 민사소송 중에 있습니다 □ / 민사소송 중에 있지 않습니다 ■

7.기타

본 고소장에 기재한 내용은 고소인이 알고 있는 지식과 경험을 바탕으로 모두 사실대로 작성하였으며, 만일 허위사실을 고소하였을 때에는 형법 제156조 무고죄로 처벌받을 것임을 아울러 서약합니다.

○○○○ 년 ○○ 월 ○○ 일

위 고소인 : ○ ○ ○   (인)

부산시 해운대경찰서장 귀중

별지 : 증거자료 세부 목록

(범죄사실 입증을 위해 제출하려는 증거에 대하여 아래 각 증거별로 해당 난 을 구체적으로 작성해 주시기 바랍니다)

1. 인적증거

성 명	○ ○ ○	주민등록번호	생 략		
주 소	부산시 해운대구 ○○로 ○○, ○○○호			직업	상업
전 화	(휴대폰) 010 - 4432 - 0000				
입증하려는 내 용	위 ○○○은 피고소인 범죄행위를 직접 듣고 목격하여 잘 알고 있으므로 이를 입증하고자 합니다.				

2. 증거서류

순번	증 거	작성자	제출 유무	
1	녹취록	피고소인	■ 접수시 제출	□ 수사 중 제출
2	진단서	고소인	■ 접수시 제출	□ 수사 중 제출
3			□ 접수시 제출	□ 수사 중 제출
4			□ 접수시 제출	□ 수사 중 제출
5			□ 접수시 제출	□ 수사 중 제출

3. 증거물

순번	증 거	작성자	제출 유무	
1	진단서	고소인	■ 접수시 제출	□ 수사 중 제출
2			□ 접수시 제출	□ 수사 중 제출
3			□ 접수시 제출	□ 수사 중 제출
4			□ 접수시 제출	□ 수사 중 제출
5			□ 접수시 제출	□ 수사 중 제출

4. 기타증거

추후 필요에 따라 제출하겠습니다.

【고소장7】 협박죄 점포를 비워주지 않으면 때려죽이겠다고 협박 처벌을 요
구하는 고소장 최신서식

고   소   장

고 소 인 :   ○   ○   ○

피 고 소 인 :   ○   ○   ○

서울 영등포경찰서장 귀중

고　소　장

1.고소인

성　명	○ ○ ○	주민등록번호	생략
주　소	서울시 영등포구 ○○대로 ○○, ○○○호		
직　업	생략 / 사무실 주　소		생략
전　화	(휴대폰) 010 - 2948 - 0000		
대리인에 의한 고　소	☐ 법정대리인 (성명 :　　,　　연락처　　　) ☐ 소송대리인 (성명 : 변호사,　연락처　　　)		

2.피고소인

성　명	○ ○ ○	주민등록번호	생략
주　소	서울시 영등포구 ○○로 ○길 ○○,○○○-○○○호		
직　업	상업 / 사무실 주　소		생략
전　화	(휴대폰) 010 - 3938 - 0000		
기타사항	고소인과의 관계 – 친·인척관계 없습니다.		

3.고소취지

　　고소인은 피고소인에 관하여 다음과 같이 형법 제283조 제1항 협박죄로 고소하오니 법에 준엄함을 깨달을 수 있도록 철저히 수사하여 엄벌에 처해 주시기 바랍니다.

4.범죄사실

(1) 사건의 경위

가, 고소인은 ○○○○. ○○. ○○. 18:40경 피고소인 소유의 서울시 영등포구 ○○로 ○○길 ○○, 제○○○호 약 ○○○.○○㎡의 상가에 대하여 보증금 ○,○○○만 원, 월세 330만 원, 임대차기간 ○○○○. ○○. ○○.부터 3년간 ○○○○. ○○. ○○,까지로 정하여 임대차계약이 지금 현재까지 '○○해물탕' 이라는 식당을 운영하고 있습니다.

나, 피고소인은 자신이 위 상가에서 식당업을 하겠다며, 임대차계약의 기간이 만료되지 않았음에도 불구하고, 수차례에 걸쳐 고소인에게 위 상가를 명도하여 줄 것을 요구하여 오다가 ○○○○. ○○. ○○. 20:40경 고소인이 운영하는 위 '○○해물탕' 식당에 찾아와 '일주일 내로 상가를 비워주지 않으면 고소인 및 고소인의 가족을 죽여 버리겠다.' 는 내용의 협박을 하여 고소인은 심한 공포심을 느꼈습니다.

(2) 피고소인의 범죄행위로 인한 피해상황

○ 피고소인의 위와 같은 협박행위 이후, 피고소인이 고소인이나 고소인의 아이들에 대하여 신체적 위해를 가하지 않을까 하는 두려움에 아이들은 학교를 가거나 외출을 할 때는 꼭 고소인이나 고소인의 처가 따라 다니고 있는 실정입니다.

○ 고소인의 가족들은 극심함 정신적인 고통을 겪다가 결국 신경쇠약으로 정신과적 치료를 받기도 하였습니다.

(3) 결론

이상과 같은 이유로 피고소인을 형법 제283조 제1항 협박죄로 고소하오니 부디 고소인 및 고소인의 온 가족의 안전을 위해서라도 피고소인을 철저히 조사하여 엄벌에 처하여 주시기 바랍니다.

5.증거자료

　　□ 고소인은 고소인의 진술 외에 제출할 증거가 없습니다.

　　■ 고소인은 고소인의 진술 외에 제출할 증거가 있습니다.

　　　☞ 제출할 증거의 세부내역은 별지를 작성하여 첨부합니다.

6.관련사건의 수사 및 재판여부

① 중복 고소여부	본 고소장과 같은 내용의 고소장을 다른 검찰청 또는 경찰서에 제출하거나 제출하였던 사실이 있습니다 □ / 없습니다 ■
② 관련 형사사건 수사유무	본 고소장에 기재된 범죄사실과 관련된 사건 또는 공범에 대하여 검찰청이나 경찰서에서 수사 중에 있습니다 □ / 수사 중에 있지 않습니다 ■
③ 관련 민사소송 유무	본 고소장에 기재된 범죄사실과 관련된 사건에 대하여 법원에서 민사소송 중에 있습니다 □ / 민사소송 중에 있지 않습니다 ■

7.기타

　본 고소장에 기재한 내용은 고소인이 알고 있는 지식과 경험을 바탕으로 모두 사실대로 작성하였으며, 만일 허위사실을 고소하였을 때에는 형법 제156조 무고죄로 처벌받을 것임을 아울러 서약합니다.

○○○○ 년 ○○ 월 ○○ 일

위 고소인 : ○ ○ ○ 　 (인)

서울 영등포경찰서장 귀중

별지 : 증거자료 세부 목록

(범죄사실 입증을 위해 제출하려는 증거에 대하여 아래 각 증거별로 해당 난을 구체적으로 작성해 주시기 바랍니다)

1. 인적증거

성 명	○ ○ ○	주민등록번호	생략		
주 소	서울시 영등포구 ○○로 ○○, ○○○호			직업	직원
전 화	(휴대폰) 010 - 1289 - 0000				
입증하려는 내 용	위 ○○○은 고소인이 운영하는 식당에 근무하는 종업원으로서 피고소인이 고소인에게 협박하는 내용을 바로 옆에서 모두 듣고 잘 알고 있으므로 이를 입증하고자 합니다.				

2. 증거서류

순번	증 거	작성자	제출 유무	
1	진단서	고소인	■ 접수시 제출	□ 수사 중 제출
2	목격자 진술서	고소인	■ 접수시 제출	□ 수사 중 제출
3			□ 접수시 제출	□ 수사 중 제출
4			□ 접수시 제출	□ 수사 중 제출
5			□ 접수시 제출	□ 수사 중 제출

3. 증거물

순번	증 거	작성자	제출 유무	
1	목격자 진술서	고소인	■ 접수시 제출	□ 수사 중 제출
2			□ 접수시 제출	□ 수사 중 제출
3			□ 접수시 제출	□ 수사 중 제출
4			□ 접수시 제출	□ 수사 중 제출
5			□ 접수시 제출	□ 수사 중 제출

4. 기타증거

추후 필요에 따라 제출하겠습니다.

【고소장8】 협박죄 휴대전화 문자메시지로 신체에 위해를 가하겠다는 협박
처벌요구 고소장 최신서식

고   소   장

고 소 인 : ○   ○   ○

피 고 소 인 : ○   ○   ○

전북 군산경찰서장 귀중

고 　 소 　 장

1.고소인

성 　 명	○ ○ ○	주민등록번호	생략
주 　 소	전라북도 정읍시 ○○로 ○○, ○○○호		
직 　 업	생략	사무실 주 　 소	생략
전 　 화	(휴대폰) 010 - 1299 - 0000		
대리인에 의한 고 　 소	☐ 법정대리인 (성명 : 　 , 　 　 연락처 　 　) ☐ 소송대리인 (성명 : 변호사, 　 연락처 　 　)		

2.피고소인

성 　 명	○ ○ ○	주민등록번호	생략
주 　 소	전라북도 군산시 ○○로 ○길 ○○, ○○○호		
직 　 업	무지	사무실 주 　 소	생략
전 　 화	(휴대폰) 010 - 9904 - 0000		
기타사항	고소인과의 관계 - 친·인척관계 없습니다.		

3.고소취지

　 고소인은 피고소인에 관하여 다음과 같이 형법 제283조 제1항 협박죄로 고소하오
니 법에 준엄함을 깨달을 수 있도록 철저히 수사하여 엄벌에 처해 주시기 바랍니다.

4.범죄사실

(1) 사건의 경위

가, 피고소인은 전라북도 군산시 ○○로 ○○길 ○○, ○○건물 3층에 '○○캐피탈'이라는 상호로 사채업을 하는 사무실직권으로 근무하는 자인바, ○○○○. ○○. ○○. 13:40경 고소인이 위 사채업사무실에서 900만 원을 대출받아가서 장기간 변제하지 못하자 위 돈을 확보할 목적으로,

나, ○○○○. ○○. ○○. 19:20경 불상의 휴대전화로 고소인의 휴대전화 ○○○-○○○○-○○○○으로 전화를 걸어 고소인에게 '야 썹할놈아 나 너 집 앞에서 기다리고 있으니 빨리 튀어나와라'고 말하자 고소인이 누가 장난하는 줄 알고 너 누군데 욕을 하느냐고 묻자, 피고소인은 다시 '니가 얼굴 보면 그런 얘기 못할 텐데, 내가 누구냐면 내가 니 다리 한 짝을 짤 라가야 돈을 받는 놈아, 마치 고소인의 신체 등에 어떠한 위해를 가하려는 듯한 내용으로 말하여 고소인을 협박하였고,

다, 같은 날 20:10경 문자메시지로 고소인의 휴대전화에 빠라 튀어나와 그렇지 않으면 내가 들어가서 니 아들놈하고 할 얘기가 있으니 문 열어, 문 열지 않으면 니 아들놈 때려죽인다는 내용을 보내 고소인의 아들에게 신체 등에 위해를 가하려는 듯한 내용으로 고지하여 고소인의 아들을 협박하고,

라, 같은 날 22:05경 고소인의 휴대전화로 문자메시지를 보내 '야 죽기 싫으면 전화 받아'라는 문자메시지를 ○○○-○○○○-○○○○번호로 전송하여 고소인을 협박하여 심한 공포심을 느꼈습니다.

(2) 피해상황

○ 피고소인의 위와 같은 협박행위 이후, 피고소인이 고소인이나 고소인의 아이들에 대하여 신체적 위해를 가하지 않을까 하는 두려움에 아이들은 학교를 가지 못하고 있고, 피고소인이 집 앞에서 고소인의 가족에게 신체 등에 대한 위해를 가할 수 있다는 공포심으로 일체 밖으로 나가지도 못하고 있

는 실정입니다.

○ 고소인의 가족들은 극심함 정신적인 고통을 겪다가 정신과적 치료를 받기도 하였습니다.

(3) 결론

이에 고소인은 피고소인을 형법 제283조 제1항 협박죄로 고소하오니 부디 고소인 및 고소인의 가족의 안전을 위해서라도 피고소인을 철저히 조사하여 엄벌에 처하여 주시기 바랍니다.

5.증거자료

□ 고소인은 고소인의 진술 외에 제출할 증거가 없습니다.

■ 고소인은 고소인의 진술 외에 제출할 증거가 있습니다.

☞ 제출할 증거의 세부내역은 별지를 작성하여 첨부합니다.

6.관련사건의 수사 및 재판여부

① 중복 고소여부	본 고소장과 같은 내용의 고소장을 다른 검찰청 또는 경찰서에 제출하거나 제출하였던 사실이 있습니다 □ / 없습니다 ■
② 관련 형사사건 수사유무	본 고소장에 기재된 범죄사실과 관련된 사건 또는 공범에 대하여 검찰청이나 경찰서에서 수사 중에 있습니다 □ / 수사 중에 있지 않습니다 ■
③ 관련 민사소송 유무	본 고소장에 기재된 범죄사실과 관련된 사건에 대하여 법원에서 민사소송 중에 있습니다 □ / 민사소송 중에 있지 않습니다 ■

7.기타

본 고소장에 기재한 내용은 고소인이 알고 있는 지식과 경험을 바탕으로 모두 사실대로 작성하였으며, 만일 허위사실을 고소하였을 때에는 형법 제156조 무고죄로 처벌받을 것임을 아울러 서약합니다.

○○○○ 년 ○○ 월 ○○ 일

위 고소인 : ○ ○ ○   (인)

전북 군산경찰서장 귀중

별지 : 증거자료 세부 목록

(범죄사실 입증을 위해 제출하려는 증거에 대하여 아래 각 증거별로 해당 난을 구체적으로 작성해 주시기 바랍니다)

1. 인적증거

성 명	○ ○ ○	주민등록번호	생략	
주 소	전북 군산시 ○○로 ○○, ○○○,		직업	회사원
전 화	(휴대폰) 010 - 3412 - 0000			
입증하려는 내 용	위 ○○○은 고소인이 거주하는 주택의 이웃에서 거주하면서 피고소인이 집 앞에서 협박한 내용을 목격하거나 듣고 잘 알고 있으므로 이를 입증하고자 합니다.			

2. 증거서류

순번	증 거	작성자	제출 유무	
1	녹취록	고소인	■ 접수시 제출	□ 수사 중 제출
2	문자메시지	고소인	■ 접수시 제출	□ 수사 중 제출
3			□ 접수시 제출	□ 수사 중 제출
4			□ 접수시 제출	□ 수사 중 제출
5			□ 접수시 제출	□ 수사 중 제출

3. 증거물

순번	증 거	작성자	제출 유무	
1	문자메시지	고소인	■ 접수시 제출	□ 수사 중 제출
2			□ 접수시 제출	□ 수사 중 제출
3			□ 접수시 제출	□ 수사 중 제출
4			□ 접수시 제출	□ 수사 중 제출
5			□ 접수시 제출	□ 수사 중 제출

4. 기타증거

추후 필요에 따라 제출하겠습니다.

고　　　소　　　장

고　소　인 :　○　　　○　　　○

피　고　소　인 :　○　　　○　　　○

인천시 계양경찰서장 귀중

고 소 장

1.고소인

성 명	○ ○ ○	주민등록번호	생략
주 소	인천시 ○○구 ○○로 ○○길 ○○○, ○○○호		
직 업	생략	사무실 주 소	생략
전 화	(휴대폰) 010 - 2999 - 0000		
대리인에 의한 고 소	□ 법정대리인 (성명 : , 연락처) □ 소송대리인 (성명 : 변호사, 연락처)		

2.피고소인

성 명	○ ○ ○	주민등록번호	생략
주 소	인천시 계양구 ○○로○○길 ○○, ○○○		
직 업	무지	사무실 주 소	생략
전 화	(휴대폰) 010 - 1288 - 0000		
기타사항	고소인과의 관계 - 친·인척관계 없습니다.		

3.고소취지

　고소인은 피고소인에 관하여 다음과 같이 형법 제347조 제1항 사기죄로 고소하오니 법에 준엄함을 깨달을 수 있도록 철저히 수사하여 엄벌에 처해 주시기 바랍니다.

4.범죄사실

(1) 사건의 경위 및 피고소인의 기망행위

가, 피고소인은 자신의 아들이 운영하는 인천시 계양구 ○○로○○길 ○○, 소재에 있는 ○○공인중개사 사무실에서 근무하던 자로서, 고소인과는 친구의 소개로 알게 되었습니다.

나, 피고소인은 ○○○○. ○○. ○○. 고소인의 친구를 만났는데 친구로부터 고소인의 연락처를 알게 되었다며, 고소인에게 전화가 와서 피고소인을 만나게 되었는데 그때 피고소인은 부동산중개업을 해서 많은 돈을 벌지 못했지만 재미를 보고 있다면서 그 당시 고소인에게 투자자가 있는 큰 덩어리의 땅을 여러 사람들이 어울려 이를 매수하게 되었는데 고소인에게 재미 삼아 투자해 보라고 권유하는 바람에 그 말을 듣고 약 1개월 후인 ○○○○. ○○. ○○. 금 5,000만 원을 교부하였더니 얼마 후 부동산을 매입하여 이를 처분하고 얼마간의 이득금이 있었다면서 고인인에게 ○○○○. ○○. ○○.금 5,900만 원을 송금해줌으로서 고소인은 900만 원의 이득을 본 사실이 있었습니다.

다, 피고소인은 위와 같이 고소인을 만나 고소인이 어느 정도 안정된 생활을 하고 있음을 알고, 고소인으로부터 부동산투자를 미끼로 금원을 편취할 마음을 먹고 ○○○○. ○○. ○○. 휴대전화로 고소인에게 경기도 김포시 ○○로 ○○, ○○아파트 124.987㎡를 전세금을 안고 ○억 ○,○○○만 원에 매입하여 곧 미등기로 전매하여 전매차익을 남겨 주겠다고 속이고, 그 말을 진실로 믿은 고소인으로부터 돈 ○,○○○만 원을 송금 받은바 있고, 그해 ○○. ○○.에 피고소인이 급하게 쓸 돈이 있다며, 1,000만 원만 빌려달라고 해서 그날 돈을 1,00 0만 원 송금 한바 있는데 그 후 고소인은 피고소인이 아무런 얘기가 없어서 피고소인에게 위 아파트를 팔았느냐고 묻자 실은 ○○○○. ○○. ○○. 고소 외 ○○○에게 소유권이전등기가 되었음에도 불구하고 고소인에게는 아직 팔리지 않았다고 거짓말을 해 오다가 같은 해 ○○. ○○.에 팔렸다고 하므로 돈을 돌려달라고 하자 그 돈으로 이미 ○○아파트 입주권을 사면서 재투자를 하였으니 이를 프리미엄을 붙여 팔면 상당한 이득이 있으니 기다려 달라고 하였는데 이 또한 모두 거짓말임이 밝혀졌습니다.

라, 피고소인은 ○○○○. ○○. ○○. 고소인에게 전화로 경기도 부천시 ○○구 ○○로길 ○○○, ○○이라는 상가건물 10층짜리 1개동을 분양 중에 있는데 1층 상가 전체 ○○○.○○㎡을 계약하여 분양 받는데 이중 2/1 지분을 고소인에게 주겠다면서 여기에 투자하면 되팔아서 즉시 차익을 남겨주겠다고 속이고, 고소인으로부터 금 ○억 ○,○○○만 원을 교부받아 고소인에게는 지분등기를 해 주지 아니하는 등 이를 편취하였습니다.

마, 피고소인은 위와 같이 고소인에게 부동산에 투자하여 차익을 남겨주겠다고 속이고 고소인으로부터 투자금 명목으로 돈을 교부 받아 편취한 자로서 근간 고소인이 피고소인의 행위가 모두 거짓임을 알고 ○○○○. ○○. ○○. 피고소인을 찾아가 투자금을 모두 돌려달라고 하자 피고소인은 위 상가건물 1층 ○○○.○○㎡을 처분해 고소인에게 ○억 ○,○○○만 원을 변제하겠다는 약속을 받고 있던 중, 이때까지 위 상가건물 1층 ○○○.○○㎡에 대한 고소인의 지분이 2/1이 있는 줄 알고 있었으나 지분이 없음이 확인되었고, 고소인으로부터 투자받으면서 피고소인이 한 말은 모두 거짓으로 밝혀졌습니다.

(2) 결론

피고소인의 이 같은 행위는 사기죄에 해당된다고 여겨 고소인은 피고소인을 형법 제347조 제1항 사기죄로 고소하오니 부디 피고소인을 철저히 조사하여 엄벌에 처하여 주시기 바랍니다.

5.증거자료

  □ 고소인은 고소인의 진술 외에 제출할 증거가 없습니다.

  ■ 고소인은 고소인의 진술 외에 제출할 증거가 있습니다.

    ☞ 제출할 증거의 세부내역은 별지를 작성하여 첨부합니다.

6.관련사건의 수사 및 재판여부

① 중복 고소여부	본 고소장과 같은 내용의 고소장을 다른 검찰청 또는 경찰서에 제출하거나 제출하였던 사실이 있습니다 □ / 없습니다 ■
② 관련 형사사건 수사유무	본 고소장에 기재된 범죄사실과 관련된 사건 또는 공범에 대하여 검찰청이나 경찰서에서 수사 중에 있습니다 □ / 수사 중에 있지 않습니다 ■
③ 관련 민사소송 유무	본 고소장에 기재된 범죄사실과 관련된 사건에 대하여 법원에서 민사소송 중에 있습니다 □ / 민사소송 중에 있지 않습니다 ■

7.기타

  본 고소장에 기재한 내용은 고소인이 알고 있는 지식과 경험을 바탕으로 모두 사실대로 작성하였으며, 만일 허위사실을 고소하였을 때에는 형법 제156조 무고죄로 처벌받을 것임을 아울러 서약합니다.

    ○○○○ 년 ○○ 월 ○○ 일

        위 고소인 : ○ ○ ○   (인)

      인천시 계양경찰서장 귀중

별지 : 증거자료 세부 목록

　　(범죄사실 입증을 위해 제출하려는 증거에 대하여 아래 각 증거별로 해당 난
　　을 구체적으로 작성해 주시기 바랍니다)

1. 인적증거

성　명	○ ○ ○	주민등록번호		생략	
주　소	인천시 부평구 ○○로 ○○, ○○○,		직업	상업	
전　화	(휴대폰) 010 - 1230 - 0000				
입증하려는 내　용	위 ○○○은 고소인과 같이 피고소인을 만나는 자리에 동석하는 등 피고소인이 차익을 남겨주겠다는 말을 직접 듣고 입회하여 이를 입증하고자 합니다.				

2. 증거서류

순번	증　거	작성자	제출 유무	
1	송금영수증	고소인	■ 접수시 제출	□ 수사 중 제출
2	문자메시지	고소인	■ 접수시 제출	□ 수사 중 제출
3			□ 접수시 제출	□ 수사 중 제출
4			□ 접수시 제출	□ 수사 중 제출
5			□ 접수시 제출	□ 수사 중 제출

3. 증거물

순번	증　거	작성자	제출 유무	
1	문자메시지	고소인	■ 접수시 제출	□ 수사 중 제출
2		고소인	□ 접수시 제출	□ 수사 중 제출
3			□ 접수시 제출	□ 수사 중 제출
4			□ 접수시 제출	□ 수사 중 제출
5			□ 접수시 제출	□ 수사 중 제출

4. 기타증거

　　추후 필요에 따라 제출하겠습니다.

【고소장10】 사기죄 다단계식 투자금 명목으로 편취하여 처벌을
요구하는 고소장 최신서식

고　　소　　장

고　소　인 : ○　　　○　　　○

피　고　소　인 : ○　　　○　　　○

광주시 서부경찰서장 귀중

고　　소　　장

1.고소인

성　　명	○ ○ ○	주민등록번호	생략
주　　소	광주시 ○○구 ○○로 ○○길 ○○○, ○○○호		
직　　업	생략	사무실 주　소	생략
전　　화	(휴대폰) 010 - 2999 - 0000		
대리인에 의한 고　　소	□ 법정대리인 (성명 :　　　,　　　연락처　　　　　　) □ 소송대리인 (성명 : 변호사,　　연락처　　　　　　)		

2.피고소인

성　　명	○ ○ ○	주민등록번호	생략
주　　소	광주시 계양구 ○○로○○길 ○○ , ○○○		
직　　업	무지	사무실 주　소	생략
전　　화	(휴대폰) 010 - 1288 - 0000		
기타사항	고소인과의 관계 - 친·인척관계 없습니다.		

3.고소취지

　　고소인은 피고소인에 관하여 다음과 같이 형법 제347조 제1항 사기죄로 고소하오니 법에 준엄함을 깨달을 수 있도록 철저히 수사하여 엄벌에 처해 주시기 바랍니다.

4.범죄사실

(1) 당사자 관계

○ 고소인은 주소지에 거주하는 피고소인은 소위 말하는 다단계 판매회사의 ○○팀장으로 호칭되는 자입니다.

(2) 이 사건의 경위

1. 고소인은 고소인과 잘 아는 고소 외 ○○○의 처 성명불상자의 소개로 피고소인을 소개받아 알게 되었고, 피고소인은 그의 부친 ○○○과 다단계 판매회사에서 ○○팀장의 직함으로 일을 하고 있습니다.

2. 고소인은 같은 피해자인 고소 외 ◎◎◎이 고소인에게(우리친구 피고소인의 아버지)가 ○○에 놀러가자고 하니 바람도 쪼일 겸 같이 가자면서 친구가 있으면 데리고 와도 좋다고 함으로 영문도 모르고 ○○○○. ○○. ○○. 일행 ○명과 함께 약속한 장소로 갔더니 미리 준비된 관광버스에 사람들이 타고 있어 고소인 일행도 같이 타고 ○○에 도착하자 어디서 왔는지 여러 대의 관광버스에 사람들이 타고 와 있었습니다.

3. 그곳 ○○에서 버스를 타고 온 많은 사람들을 모아 놓고 위 회사 간부인 듯한 사람이 우리 회사는 작년에 사업을 시작한 회사인데 규모가 크고 질 좋은 상품을 대량으로 구입하여 싸게 파는 회사라고 선전을 하면서 자신의 회사에 등록을 하고 투자를 하면 많은 이익이 있다는 취지로 말하며 투자자를 모집하는 내용으로 선전에 열을 올리고 하루를 무료로 관광을 시켜주어 돌아온 사실이 있습니다.

4. 피고소인은 얼마 후인 같은 해 ○○.하순경, 자신의 사무실로 고소인을 불러 갔더니 고소인에게 우리 회사는 ○○에서 설명한 것처럼 좋은 회사인데 회사에 돈을 투자하면 투자 금에 대한 이자는 월 5부 정도이고 원금은 투자한 날로부터 3개월 되면 투자자가 원할시 전액 되돌려 받을 수 있고, 대신 이자는 투자 금으로 그대로 두면 그 돈이 또 이자가 불

어 뭇 돈이 될 수 있을 뿐만 아니라 회사에서 싼값에 물건을 구입할 수 있고, 해외여행도 보내주는 혜택을 누릴 수 있다면서, 우리 아버지 친구(○○○)도 투자하고 있고, 우리 아버지 이모 등 가족들이 모두 투자하고 있다면서, 아주머니도 내 말을 믿고 투자하면 위에서 말한 대로 틀림없다고 하면서 투자할 뜻이 있으면 내가 팀장이니까 내 계좌로 송금해 달라고 하면서 나도 처음에 50,000,000원 투자해서 곱이 불어났다고 함으로 그 말을 진실로 믿고 같은 해 ○○. ○○ 피고소인의 계좌로 금 ○○○만 원, 같은 해 ○○. ○. 같은 방법으로 금 ○,○○○만 원, 같은 달 ○○. 금 ○,○○○만 원, ○○○○. ○○. ○○. 금 ○,○○○만 원 등 4회에 걸쳐 모두 금 ○,○○○만 원을 피고소인에게 송금한 바 있습니다.

5. 피고소인은 위와 같은 고소인으로부터 송금을 받고 고소인에게 통장을 만들어 그 계좌번호를 알려달라고 하여 부랴부랴 국민은행에서 고소인의 보통예금 통장을 개설하여 계좌번호를 알려준바 있고, 투자한지 3개월이 지나 원금을 돌려달라고 하였더니 이자에 대하여는 일언반구 말도 없이 ○○○○. ○○. ○○.까지 ○회에 걸쳐 모두 ○,○○○만 원만 변제하고, 금 ○,○○○만 원을 회사 사정이 어렵다는 이유로 변제하지 않고 있습니다.

6. 피고소인의 위와 같은 행위는 당초부터 고소인에게 투자 금 명목으로 돈을 받고 투자 금에 대하여 월 5부 이자로 계산하여 3개월 만에 원금을 돌려주고 투자 금에 대한 이자는 이를 재투자 금으로 하여 뭇 돈을 만들어 줄 의사나 능력이 전혀 없으면서 위와 같이 고소인을 속여 금원을 편취하였습니다.

(3) 결론

피고소인의 이 같은 행위는 사기죄에 해당된다고 생각되어 고소인은 피고소인을 형법 제347조 제1항 사기죄로 고소하오니 부디 피고소인을 철저히 조사하여 엄벌에 처하여 주시기 바랍니다.

5. 증거자료

　□ 고소인은 고소인의 진술 외에 제출할 증거가 없습니다.

　■ 고소인은 고소인의 진술 외에 제출할 증거가 있습니다.

　　☞ 제출할 증거의 세부내역은 별지를 작성하여 첨부합니다.

6. 관련사건의 수사 및 재판여부

① 중복 고소여부	본 고소장과 같은 내용의 고소장을 다른 검찰청 또는 경찰서에 제출하거나 제출하였던 사실이 있습니다 □ / 없습니다 ■
② 관련 형사사건 수사유무	본 고소장에 기재된 범죄사실과 관련된 사건 또는 공범에 대하여 검찰청이나 경찰서에서 수사 중에 있습니다 □ / 수사 중에 있지 않습니다 ■
③ 관련 민사소송 유무	본 고소장에 기재된 범죄사실과 관련된 사건에 대하여 법원에서 민사소송 중에 있습니다 □ / 민사소송 중에 있지 않습니다 ■

7. 기타

　본 고소장에 기재한 내용은 고소인이 알고 있는 지식과 경험을 바탕으로 모두 사실대로 작성하였으며, 만일 허위사실을 고소하였을 때에는 형법 제156조 무고죄로 처벌받을 것임을 아울러 서약합니다.

　　　　　　　○○○○ 년 ○○ 월 ○○ 일

　　　　　　　　　　위 고소인 : ○　○　○　　(인)

광주시 서부경찰서장 귀중

별지 : 증거자료 세부 목록

　　(범죄사실 입증을 위해 제출하려는 증거에 대하여 아래 각 증거별로 해당 난
　　을 구체적으로 작성해 주시기 바랍니다)

1. 인적증거

성 명	○ ○ ○	주민등록번호	생략	
주 소	광주시 ○○구 ○○로 ○○, ○○○,		직업	상업
전 화	(휴대폰) 010 - 1314 - 0000			
입증하려는 내 용	위 ○○○은 고소인과 같이 피고소인을 만나는 자리에 동석하는 등 피고소인이 투자를 종용하는 말을 직접 듣고 입회하여 잘 알고 있으므로 입증하고자 합니다.			

2. 증거서류

순번	증 거	작성자	제출 유무	
1	송금영수증	고소인	■ 접수시 제출	□ 수사 중 제출
2	문자메시지	고소인	■ 접수시 제출	□ 수사 중 제출
3			□ 접수시 제출	□ 수사 중 제출
4			□ 접수시 제출	□ 수사 중 제출
5			□ 접수시 제출	□ 수사 중 제출

3. 증거물

순번	증 거	작성자	제출 유무	
1	문자메시지	고소인	■ 접수시 제출	□ 수사 중 제출
2			□ 접수시 제출	□ 수사 중 제출
3			□ 접수시 제출	□ 수사 중 제출
4			□ 접수시 제출	□ 수사 중 제출
5			□ 접수시 제출	□ 수사 중 제출

4. 기타증거

　　추후 필요에 따라 제출하겠습니다.

【고소장11】 사이버명예훼손죄 거짓의 사실을 드러내어 명예를 훼손하여
처벌을 요구하는 고소장 최신서식

고   소   장

고 소 인 : ○   ○   ○

피 고 소 인 : ○   ○   ○

인천시 부평경찰서장 귀중

고　　　소　　　장

1.고소인

성　　　명	○ ○ ○	주민등록번호	생략
주　　　소	인천시 ○○구 ○○로 ○○, ○○○-○○○○호		
직　　　업	개인사업	사무실 주　소	생략
전　　　화	(휴대폰) 010 - 1277 - 0000		
대리인에 의한 고　　소	☐ 법정대리인 (성명 :　　　,　　　연락처　　　　　) ☐ 소송대리인 (성명 : 변호사,　　연락처　　　　　)		

2.피고소인

성　　　명	네이버에서 사용하는 이이디 aassy		
주　　　소	무지		
직　　　업	무지	사무실 주　소	무지
전　　　화	(휴대폰) 010 - 1987 - 0000		
기타사항	고소인과의 관계 - 친·인척관계 없습니다.		

3.고소취지

　　고소인은 피고소인을 1.정보통신망 이용촉진 및 정보보호 등에 관한 법률 제70
조 제2항(명예훼손) 2.형법 제307조(명예훼손) 제2항 등의 혐의로 고소하오니 철
저히 수사하여 법에 준엄함을 깨달을 수 있도록 엄벌에 처하여 주시기 바랍니다.

4. 범죄사실

(1) 적용법조

① 정보통신망 이용촉진 및 정보보호 등에 관한 법률 제70조(명예훼손) 제2항
사람을 비방할 목적으로 정보통신망을 통하여 공공연하게 거짓(허위사실유포)의 사실을 드러내어 다른 사람의 명예를 훼손한 자는 7년 이하의 징역, 10년 이하의 자격정지 또는 5,000만 원 이하의 벌금에 처한다.

② 형법 제307조 제2항 (명예훼손)
공연히 허위의 사실을 적시하여 사람의 명예를 훼손한 자는 5년 이하의 징역, 10년 이하의 자격정지 또는 1,000만 원 이하의 벌금에 처한다.

(2) 당사자관계

가, 고소인은 인터넷 포털사이트 네이버의 카페서비스를 이용하여, ○○○와 그 가족들이 정보를 교류하는 커뮤니티 "○○○○" (이하 영문으로는 caf.naver.com/○○○라고 합니다.)" 의 운영자로서 닉네임(이하 앞으로는 "○○○" 라고만 줄여 쓰겠습니다.)를 사용하는 사람입니다.

나, 피고소인은 고소인이 운영하고 있는 위 "○○○" 에 회원으로 등록한 후 ID는 "○○○" 을 사용하는 이름은 ○○○ 이라는 사람입니다.

(3) 허위사실유포

피고소인은 ○○○○. ○○. ○○. 오후 20:35분"○○○"인터넷 카페게시판에 자신의 닉네임(○○○ : ○○○)으로 ○○○(고소인의 닉네임)은"○○○들의 희망인가?.","장사꾼인가?"라는 제목을 포함된 댓글을 올린데 이어 확인되지 않은 각종 허위사실을 악의적인 의도로 반복하여 게시함으로서 고소인의 명예를 심각하게 훼손시킨 사실이 있습니다.

그 악의적인 허위사실유포의 주요골자는 아래와 같습니다.

지난번 회원 강퇴와 관련 본인의 글이 카페에 게시된 후, 본인과 ○○○과의

대립각이 형성되니(카페게시글) 많은 회원께서 저에게 응원의 메시지 및 쪽지를 보내왔습니다.

그중에 몇 몇 분들께서 ○○○카페와, ○○○에 대한 제보가 있었으며, 개중에는 상당히 신뢰할 수 있는 부분이 있고 본인도 전부터 의구심을 가지고 있었던바,

① 카페 수익금에 대한 의혹제기

카페 바자회 수익금과, 기부금과 기부금 등, 적지 않은 수입이 있었음에도 불구하고, 현 집행부는 수입, 지출에 관련하여, 정확하게 회원들에게 공개한바가 없습니다.

② 바자회물품 판매회사와, ○○○이 운영하는 회사와의 관계

○ 카페 바자회물품을 구매하게 되면 코럴브릿지라는 회사에서 물품을 배송합니다. ○○는 카페지기 ○○○의 친구인 차○○라는 분이 운영하는 회사라고 합니다. ○○○에서 ○○○○이라는 건강보조식품을 판매하는 사이트를 운영하고, 비타민 맥주효모, 유산균등 카페바자회에서 판매하는 물품을 판매하는 사이트인 것 같습니다.

○ ○○○에서 운영하는 ○○○○이라는 사이트는 카페지기 ○○○(최○중)이 운영하는 ○○○라는 회사에서 ○○○ 및 운영관리를 한다고 ○○○홈페이지에 명시되어 있습니다.

○ 이는 ○○○이 카페 내에서 회원들을 위한 바자회를 하는 것인지 원래 건강보조식품 판매하는 사람인지 의혹을 갖게 됩니다.

③ 주식회사 ○○의 설립배경에 대한 의혹제기

○ 설립 시 출자금 중 대주주인 ○○의 소유 50%(5,000만원) 지분은 아○○○바자회 수익금과 기부금으로 출자한 것으로 추정됩니다.

○ 영리를 목적으로 하는 주식회사에 투자가 되었는지, 왜 비영리 사단법

인이 아닌 개인적인 영리가 목적인 주식회사가 설립되었는지 이는 정확하고 확실한 근거 있는 사유가 공개되어야 할 것입니다.

④ ○○○클럽하우스 설립의 의혹제기

　이하 생략하겠습니다.

⑤ 카페 내 바자회물품 ○○부분

　이하 생략하겠습니다.

(4) 피고소인의 고의

가, 피고소인은 ○○○○. ○○. ○○. 오후 20:35분 "○○○" 인터넷 카페 게시판에 자신의 닉네임(○○○ : ○○○)으로 ○○○(고소인의 닉네임)은 "○○○들의 희망인가?.", "장사꾼인가?"라는 제목으로 고소인을 비방하는 허위사실을 적시하면서 그 첫머리에 "지난번 회원 강퇴와 관련 본인의 글이 카페에 게시된 후, 본인과 ○○○과의 대립각이 형성되니"와 같이 피고소인과 아래의 회원 강퇴된 사람들은 지인들입니다.

나, 피고소인의 지인인 고소 외 ○○○(닉네임 : ○○○○)은 아내의 출산 일주일 전인 ○○○○. ○○. ○○. ○○시내 모처에서 성매매를 하고 성관계 영상을 녹화하여, ○○○○. ○○. ○○. 경기도 ○○시에 소재한 "○○○" 클럽하우스(쉼터라고 소개하겠습니다)에서 회원들에게 그 영상을 보여주는 등 그 품행에 문제가 있는 것으로 판단되어 "○○○ 회칙" 음란한 내용의 문서, 사진 등을 웹페이지에 게시하거나, 다른 통신 수단을 이용하여 배포하는 경우 '오프라인 모임에서 이성간의 과다한 신체접촉 음담패설 등으로 상대방과 제3자에게 불쾌감을 주는 경우'에 해당하여 강제로 퇴출 처리하였습니다.

피고소인의 지인들인 고소 외 ○○○(닉네임 : ○○) 동 ○○○(닉네임 : ○○○) 소위 말하는 '○○'라는 상세불명의 약초를 달여, 파우치형태의 제품을 허가 없이 제조하여 회원들에게 대가를 받고 제공한 사실이 있었고, 고소 외 ○○○의 나체사진을 찍어 여성회원들에게 문자 전송하였고, 여성회원들에게 잦은 성희롱이 있었는가하면 불필요한 스킨십과 음담패설을 하였고, 여성 ○○○들에게 차마 입에 담지 못할 모욕을 하였고, "○○○"에서 오배송한 택배를 임의로 갈취하는 등 횡령하였고, 공금을 유용하였고, 미망인 카페회원에게 금전을 차용한 후, 정해진 날짜에 갚지 않는 등 문제가 발생되어 "○○○ 회칙"에 의거하여 강제 퇴출하였습니다.

다, 중요한 것은 고소인을 비롯한 "○○○" 카페의 운영위원회에서 피고소인이 각종 허위사실을 악의적인 의도로 반복하여 게시한데대하여 고소인은 ○○○카페의 거래은행의 입출금내역, 각 거래처별 거래명세서 등의 증빙자료를 첨부하여 피고소인에게 보여주면서 허위사실유포에 대한 책임을 묻겠다고 하자 피고소인은 많은 카페운영위원이 배석한 자리에서 '나의 목적은 진실을 아는 것이 아니라, 고소인을 깎아내리는 것이 목적이었다.' 라는 주장만 보더라도 피고소인은 의도적으로 고소인의 명예를 훼손하려는 고의가 있었음이 명백한 이상 엄벌에 처하여 주시기 바랍니다.

라, 덧붙여 피고소인은 고소인이 위 피고소인의 지인들에 대하여 민원이 끊이지 않아 정당한 절차에 의한 탈퇴를 처리하자 앙심을 품고 의도적으로 고소인을 비방한 것입니다.

5.고소이유

이미 고소인으로서는 이로 인한 피해 정도가 심각하여 돌이킬 수 없는 지경에 이르렀으므로 피고소인을 1. 정보통신망 이용촉진 및 정보보호 등에 관한 법률 제70조(명예훼손) 제2항 2. 형법 제307조(명예훼손) 제2항 명예훼손죄로 처벌을 하기 위하여 이 사건 고소에 이른 것입니다.

6.범죄의 성립근거

가, 피해자의 특정
고소인은 ○○○이라는 카페를 운영하는 카페지기로서 닉네임(○○○)을 사용함으로써 고소인이 어디에서 무엇을 하고 있는 누구인지 알 수 있는 상태였기에 익명성이 보장된 인터넷 공간으로서 피해자인 고소인 본인이 충분히 특정 지어진 상태입니다.

한편, 고소인은 ○○○카페의 운영위원회의 간부들과 피고소인을 만나 ○○○카페의 거래은행의 입출금내역, 각 거래처별 거래명세서 등의 증빙자료를 첨부하여 피고소인에게 보여주면서 허위사실유포에 대한 책임을 묻겠다고 종용한 사실도 있었습니다.

위와 같은 사정을 종합해 볼 때 피고소인의 고소인에 대한 "○○○들의 희망인가?.", "장사꾼인가?" 라는 제목을 포함된 댓글을 올린데 이어 확인되지 않은 각종 허위사실은 하루에도 ○○,○○○여명이 방문하는 ○○○카페회원들이면 누구나 고소인을 비방하는 사실을 쉽게 알아차릴 수 있었기 때문에 피해자가 특정된다고 볼 수 있습니다.

나, 공연성

○○○카페는 현재까지 가입된 회원 수만 해도 무려 ○○,○○○명에 달하고 1일평균 방문하는 회원 수 또한 ○○,○○○명이 넘는 인터넷 커뮤니티로, ○○○들을 위해 정보와 경험을 공유하고, 무료 교육프로그램, 멘토링프로그램을 적극 활용하여 환자를 위로하기 위한 프로그램을 운영하며, 암이라는 갑작스러운 현실을 마주한 절박한 상황의 회원들이 현명한 선택을 할 수 있도록 돕겠다는 취지로 운영되는 곳이기 때문에 ○○○카페회원들 모두가 볼 수 있으므로 공연성이 성립됩니다.

5.증거자료

□ 고소인은 고소인의 진술 외에 제출할 증거가 없습니다.

■ 고소인은 고소인의 진술 외에 제출할 증거가 있습니다.

☞ 제출할 증거의 세부내역은 별지를 작성하여 첨부합니다.

6.관련사건의 수사 및 재판여부

① 중복 고소여부	본 고소장과 같은 내용의 고소장을 다른 검찰청 또는 경찰서에 제출하거나 제출하였던 사실이 있습니다 □ / 없습니다 ■
② 관련 형사사건 수사유무	본 고소장에 기재된 범죄사실과 관련된 사건 또는 공범에 대하여 검찰청이나 경찰서에서 수사 중에 있습니다 □ / 수사 중에 있지 않습니다 ■
③ 관련 민사소송 유무	본 고소장에 기재된 범죄사실과 관련된 사건에 대하여 법원에서 민사소송 중에 있습니다 □ / 민사소송 중에 있지 않습니다 ■

7.기타

　　본 고소장에 기재한 내용은 고소인이 알고 있는 지식과 경험을 바탕으로 모두 사실대로 작성하였으며, 만일 허위사실을 고소하였을 때에는 형법 제156조 무고죄로 처벌받을 것임을 아울러 서약합니다.

　　　　　○○○○ 년 ○○ 월 ○○ 일

　　　　　　　　　위 고소인 : ○　○　○　　(인)

인천시 부평경찰서장 귀중

별지 : 증거자료 세부 목록

(범죄사실 입증을 위해 제출하려는 증거에 대하여 아래 각 증거별로 해당 난을 구체적으로 작성해 주시기 바랍니다)

1. 인적증거

성 명	○ ○ ○	주민등록번호	생략	
주 소	경기도 부천시 오정구 ○○로 ○○길 ○○○,		직업	회사원
전 화	(휴대폰) 010 - 1234 - 0000			
입증하려는 내 용	위 ○○○은 피고소인의 범행일체에 대하여 소상히 알고 있으므로 이를 입증하고자 합니다.			

2. 증거서류

순번	증 거	작성자	제출 유무
1	캡처화면	피고소인	■ 접수시 제출 □ 수사 중 제출
2	이메일	고소인	■ 접수시 제출 □ 수사 중 제출
3			□ 접수시 제출 □ 수사 중 제출
4			□ 접수시 제출 □ 수사 중 제출
5			□ 접수시 제출 □ 수사 중 제출

3. 증거물

순번	증 거	작성자	제출 유무
1	캡처화면	피고소인	■ 접수시 제출 □ 수사 중 제출
2			□ 접수시 제출 □ 수사 중 제출
3			□ 접수시 제출 □ 수사 중 제출
4			□ 접수시 제출 □ 수사 중 제출
5			□ 접수시 제출 □ 수사 중 제출

4. 기타증거

추후 필요에 따라 제출하겠습니다.

【고소장12】 사이버명예훼손죄 인터넷 게시판 악성댓글 처벌을 요구하는
고소장 최신서식

고　　　소　　　장

고　소　인　:　　○　　　　○　　　　○

피　고　소　인　:　　○　　　　○　　　　○

강원도 강릉경찰서장 귀중

고 　 소 　 장

1.고소인

성　　명	○ ○ ○	주민등록번호	생략
주　　소	강원도 원주시 ○○로 ○○길 ○○, ○○○호		
직　　업	회사원	사무실 주　소 생략	
전　　화	(휴대폰) 010 - 8878 - 0000		
대리인에 의한 고　　소	☐ 법정대리인 (성명 :　　　, 　　　연락처 　　　　) ☐ 소송대리인 (성명 : 변호사,　　연락처 　　　　)		

2.피고소인

성　　명	○ ○ ○	주민등록번호	생략
주　　소	강원도 강릉시 ○○로 ○○길 ○○, ○○○호		
직　　업	회사원	사무실 주　소 생략	
전　　화	(휴대폰) 010 - 8878 - 0000		
기타사항	고소인과의 관계 - 친·인척관계 없습니다.		

3.고소취지

　　고소인은 피고소인을 정보통신망 이용촉진 및 정보보호 등에 관한 법률 제70
조 제2항(명예훼손) 혐의로 고소하오니 철저히 수사하여 법에 준엄함을 깨달을
수 있도록 엄벌에 처하여 주시기 바랍니다.

4. 범죄사실

(1) 적용법조

① 정보통신망 이용촉진 및 정보보호 등에 관한 법률 제70조(명예훼손) 제2항 사람을 비방할 목적으로 정보통신망을 통하여 공공연하게 거짓(허위사실유포)의 사실을 드러내어 다른 사람의 명예를 훼손한 자는 7년 이하의 징역, 10년 이하의 자격정지 또는 5,000만 원 이하의 벌금에 처한다.

(2) 이 사건의 경위

1. 고소인은 ○○○○. ○○. ○○.포털사이트 네이트 자유게시판에 고소인의 사진 및 개인적으로 운영하는 주소가 노출된 '○○○'의 글을 올린 사실이 있는데 이 글은 관리자에 의하여 네이트 메인페이지에 노출되었고 그 조회 수는 ○○,○○○건에 달하는 기록을 세우는 등 네티즌들로부터 주목을 받게 된 가운데 피고소인이 악의적인 의도로 악성 댓글을 달고 게시물을 여러 차례에 올려 고소인의 명예를 심각하게 훼손시킨 사실이 있습니다.

2. 피고소인은 ○○○○. ○○. ○○. 14:50경 '○○○○' 라는 닉네임으로 고소인의 글에 ◎◎◎이라는 내용이 포함된 댓글을 올렸고,

3. ○○○○. ○○. ○○. 17:20경에는 같은 닉네임으로 "□□□" 이라는 내용이 포함된 댓글을 올린데 이어 확인되지 않은 각종 허위사실과 욕설을 악의적 의도로 반복하여 게시함으로서 고소인의 명예를 심각하게 훼손시킨 사실이 있습니다.

4. 피고소인은 고소인이 운영하고 있는 ○○○의 홈페이지에 찾아와 고소인이 다른 곳에 접속하여 의견을 교환한 사실이 전혀 없음에도 불구하고 말이 다르다는 내용으로 계속해서 고소인의 게시물에 악성 댓글 및 게시물을 여러 차례에 올린 사실도 있습니다.

5. 피고소인의 위 악성 댓글 및 게시물은 수많은 네티즌들에게 그 대로 노

출되어 논란이 되거나 또 다른 악성 댓글을 유도하는 결과를 초래하기도 하였습니다.

6. 고소인은 피고소인에게 잘못된 악성 댓글과 게시물을 즉시 삭제하고 고소인에게 정중한 사과를 하라고 요구하였으나 피고소인은 위 댓글이나 게시물을 즉시 삭제하지 않고 도리어 다른 사람이 올린 글을 인용한 것에 불과하다며 삭제를 거부하고 있습니다.

7. 이에 고소인이 피고소인에게 가차 없이 형사고소를 하겠다고 하자 피고소인은 현재 자신이 올린 악성 댓글과 게시물을 삭제하거나 내용을 일부 수정한 상태에 있으나 이미 고소인으로서는 이로 인한 피해 정도가 심각하여 돌이킬 수 없는 지경에 이르렀으므로 피고소인을 명예훼손죄로 고소에 이른 것입니다.

(3) 피고소인의 고의

가, 피고소인은 고소인이 운영하고 있는 홈페이지로 찾아와 고소인이 다른 곳에 접속하여 의견을 교환한 사실이 전혀 없었음에도 불구하고 말이 다르다는 내용으로 계속해서 고소인의 게시물에 악성 댓글 및 게시물을 여러 차례에 반복해 올린 사실도 있습니다.

나, 피고소인의 위 악성 댓글 및 게시물은 수많은 네티즌들에게 그 대로 노출하였습니다.

다, 고소인은 피고소인에게 잘못된 악성 댓글과 게시물을 즉시 삭제하고 고소인에게 정중한 사과를 요구하였으나 피고소인은 위 댓글이나 게시물을 즉시 삭제하지 않았습니다.

라, 도리어 다른 사람이 올린 글을 인용한 것에 불과하다며 삭제를 거부하는 것만 보더라도 피고소인은 의도적으로 고소인의 명예를 훼손하려는 고의가 있었음이 명백한 이상 고의성이 인정됩니다.

5.고소이유

　이미 고소인으로서는 이로 인한 피해 정도가 심각하여 돌이킬 수 없는 지경에 이르렀으므로 피고소인을 정보통신망 이용촉진 및 정보보호 등에 관한 법률 제70조 제2항 명예훼손죄로 처벌을 하기 위하여 이 사건 고소에 이른 것입니다.

6.범죄의 성립근거

가. 피해자의 특정

　고소인은 ○○○○. ○○. ○○.포털사이트 네이트 자유게시판에 고소인의 사진 및 개인적으로 운영하는 주소가 노출된'○○○'의 글을 올린 사실이 있는데 고소인이 어디에서 무엇을 하고 있는 누구인지 알 수 있는 상태였기에 익명성이 보장된 인터넷 공간으로서 피해자인 고소인 본인이 충분히 특정 지어진 상태입니다.

한편, 누구나 고소인을 비방하는 사실을 쉽게 알아차릴 수 있었기 때문에 피해자가 특정된다고 볼 수 있습니다.

나. 공연성

　○○○○. ○○. ○○.포털사이트 네이트 자유게시판에 고소인의 사진 및 개인적으로 운영하는 주소가 노출된'○○○'의 글을 올린 사실이 있었고, 이 글은 관리자에 의하여 네이트 메인페이지에 노출되었고 그 조회 수는 ○○,○○○건에 달하는 기록을 세우는 등 네티즌들로부터 주목을 받게 된 가운데 피고소인이 악의적인 의도로 악성 댓글을 달고 게시물을 여러 차례에 올렸고 모두가 볼 수 있으므로 공연성이 성립됩니다.

7.증거자료

□ 고소인은 고소인의 진술 외에 제출할 증거가 없습니다.

■ 고소인은 고소인의 진술 외에 제출할 증거가 있습니다.

　☞ 제출할 증거의 세부내역은 별지를 작성하여 첨부합니다.

8.관련사건의 수사 및 재판여부

① 중복 고소여부	본 고소장과 같은 내용의 고소장을 다른 검찰청 또는 경찰서에 제출하거나 제출하였던 사실이 있습니다 □ / 없습니다 ■
② 관련 형사사건 수사유무	본 고소장에 기재된 범죄사실과 관련된 사건 또는 공범에 대하여 검찰청이나 경찰서에서 수사 중에 있습니다 □ / 수사 중에 있지 않습니다 ■
③ 관련 민사소송 유무	본 고소장에 기재된 범죄사실과 관련된 사건에 대하여 법원에서 민사소송 중에 있습니다 □ / 민사소송 중에 있지 않습니다 ■

7.기타

　본 고소장에 기재한 내용은 고소인이 알고 있는 지식과 경험을 바탕으로 모두 사실대로 작성하였으며, 만일 허위사실을 고소하였을 때에는 형법 제156조 무고죄로 처벌받을 것임을 아울러 서약합니다.

○○○○ 년 ○○ 월 ○○ 일

위 고소인 : ○ ○ ○ 　 (인)

강원도 강릉경찰서장 귀중

별지 : 증거자료 세부 목록

(범죄사실 입증을 위해 제출하려는 증거에 대하여 아래 각 증거별로 해당 난을 구체적으로 작성해 주시기 바랍니다)

1. 인적증거

성 명	○ ○ ○	주민등록번호	생략		
주 소	강원도 원주시 ○○로 ○○길 ○○○,			직업	회사원
전 화	(휴대폰) 010 - 1234 - 0000				
입증하려는 내 용	위 ○○○은 피고소인의 범행일체에 대하여 소상히 알고 있으므로 이를 입증하고자 합니다.				

2. 증거서류

순번	증 거	작성자	제출 유무	
1	캡처화면	피고소인	■ 접수시 제출	□ 수사 중 제출
2	스크린 샷	고소인	■ 접수시 제출	□ 수사 중 제출
3			□ 접수시 제출	□ 수사 중 제출
4			□ 접수시 제출	□ 수사 중 제출
5			□ 접수시 제출	□ 수사 중 제출

3. 증거물

순번	증 거	작성자	제출 유무	
1	캡처화면	피고소인	■ 접수시 제출	□ 수사 중 제출
2			□ 접수시 제출	□ 수사 중 제출
3			□ 접수시 제출	□ 수사 중 제출
4			□ 접수시 제출	□ 수사 중 제출
5			□ 접수시 제출	□ 수사 중 제출

4. 기타증거

추후 필요에 따라 제출하겠습니다.

【고소장13】 모욕죄 단체 카톡방에 많은 사람들이 공유하는 공간에서 모욕
처벌요구 고소장 최신서식

고　　　소　　　장

고　소　인 :　○　　　○　　　○

피　고　소　인 :　○　　　○　　　○

서울시 강서경찰서장 귀중

고 소 장

1.고소인

성 명	○ ○ ○	주민등록번호	생략
주 소	경기도 김포시 ○○면 ○○로 ○○, ○○○호		
직 업	농업	사무실 주 소	생략
전 화	(휴대폰) 010 - 1234 - 0000		
대리인에 의한 고 소	□ 법정대리인 (성명 : , 연락처) □ 소송대리인 (성명 : 변호사, 연락처)		

2.피고소인

성 명	○ ○ ○	주민등록번호	생략
주 소	서울시 강서구 ○○로 ○○길 ○○, ○○○-○○○호		
직 업	가정주부	사무실 주 소	생략
전 화	(휴대폰) 010 - 0321 - 0000		
기타사항	고소인과의 관계 - 친·인척관계 없습니다.		

3.고소취지

　　고소인은 피고소인을 형법 제311조 모욕혐의로 고소하오니 철저히 수사하여 법에 준엄함을 깨달을 수 있도록 엄벌에 처하여 주시기 바랍니다.

4.범죄사실

(1) 적용법조

① 형법 제311조 모욕죄

공연히 사람을 모욕한 자는 1년 이하의 징역이나 금고 또는 200만 원 이하의 벌금에 처한다.

(2) 범죄사실

가, 고소인은 경기도 김포시 통진면 ○○로 ○○, 일대에서 유기농 채소등을 재배하여 인터넷 광고매체를 통하여 판매하고 있고 우연히 고객의 소개로 피고소인이 거주하는 서울시 강서구 ○○로 ○○길 ○○○, ○○아파트 주민들이 개설한 단체 가톡 방을 통하여 고소인이 재배하는 위 채소등을 판매하고 있었습니다.

나, 피고소인은 ○○○○. ○○. ○○. ○○:○○경 위 단체 카톡 방을 통하여 고소인이 판매하는 채소는 개돼지도 먹지 않는다 고소인에게 "어쩐지 사기꾼 같다" 는 피고소인의 행위는 허위사실을 적시하여 고소인에 대한 사회적 평가를 저하시킬 만한 추상적 판단으로 경멸적 감정을 표현하여 고소인을 모욕하였습니다.

다, 이러한 피고소인의 행위는 도저히 용서할 수 없는 행동으로서 철저히 조사하여 엄벌에 처하여야 마땅합니다.

(3) 고소인의 피해사항

가, 고소인은 다른 사람들의 연락을 받고 피고소인이 올린 모욕적인 댓글을 보고 알았습니다.

나, 피고소인의 위와 같이 고소인이 재배하는 채소가 개돼지도 먹지 않는다 고소인에게 사기꾼 같다는 내용을 위 아파트 단체 카톡 방에 올리는 바람에 폐업해야 할 위기에까지 와있고 이러한 고통으로 정신과적 치료까지 받고 있습니다.

5.고소이유

(1) 피고소인에 대한 처벌의 필요성

가, 피고소인은 그 이후로도 고소인이 재배한 채소 등을 위 아파트의 전체 카톡 방을 통하여 많은 인기를 얻고 있다는데 시기를 하고 고소인의 채소 등을 품질을 깎아 내리려고 계속해서 고소인의 험담과 모욕을 일삼고 있습니다.

나, 피고소인의 이러한 모욕은 고소인과 거래를 해왔던 위 아파트 주민들까지 악성댓글을 유도하는 결과를 초래하였습니다.

다, 고소인은 피해 정도가 심각하여 돌이킬 수 없는 지경에 이르러 고소인으로서는 피고소인의 강력한 처벌을 원하는 바입니다.

6.범죄의 성립근거

가, 피해자의 특정

피고소인은 ○○○○. ○○. ○○. ○○:○○경 위 ○○아파트 주민들이 이용하는 단체 카톡 방에 접속하여 의도적으로 고소인이 재배하여 판매하고 있는 채소 등은 개돼지도 안 먹는다 고소인에게 사기꾼 같다고 댓글을 올렸기 때문에 피해자인 고소인 본인이 충분히 특정 지어진 상태입니다.

또한 고소인이 위 ○○아파트 단체 카톡 방을 통하여 많은 거래가 오고 가기 때문에 누구나 위 단체 카톡 방에 접속하는 사람이면 피고소인이 고소인을 모욕하는 사실을 쉽게 알아차릴 수 있었기 때문에 피해자가 특정됩니다.

나, 공연성

피고소인은 고소인이 주로 거래하는 위 단체 카톡 방을 통하여 모욕성 표현을 올리고 고소인을 모욕을 한 것이므로 공연성 또한 충족됩니다.

7.증거자료

□ 고소인은 고소인의 진술 외에 제출할 증거가 없습니다.

■ 고소인은 고소인의 진술 외에 제출할 증거가 있습니다.

☞ 제출할 증거의 세부내역은 별지를 작성하여 첨부합니다.

8.관련사건의 수사 및 재판여부

① 중복 고소여부	본 고소장과 같은 내용의 고소장을 다른 검찰청 또는 경찰서에 제출하거나 제출하였던 사실이 있습니다 □ / 없습니다 ■
② 관련 형사사건 수사유무	본 고소장에 기재된 범죄사실과 관련된 사건 또는 공범에 대하여 검찰청이나 경찰서에서 수사 중에 있습니다 □ / 수사 중에 있지 않습니다 ■
③ 관련 민사소송 유무	본 고소장에 기재된 범죄사실과 관련된 사건에 대하여 법원에서 민사소송 중에 있습니다 □ / 민사소송 중에 있지 않습니다 ■

9.기타

본 고소장에 기재한 내용은 고소인이 알고 있는 지식과 경험을 바탕으로 모두 사실대로 작성하였으며, 만일 허위사실을 고소하였을 때에는 형법 제156조 무고죄로 처벌받을 것임을 아울러 서약합니다.

○○○○ 년 ○○ 월 ○○ 일

위 고소인 : ○ ○ ○   (인)

서울시 강서경찰서장 귀중

별지 : 증거자료 세부 목록

    (범죄사실 입증을 위해 제출하려는 증거에 대하여 아래 각 증거별로 해당 난을 구체적으로 작성해 주시기 바랍니다)

1. 인적증거

성 명	○ ○ ○	주민등록번호		생략	
주 소	○○시 ○○구 ○○로 ○○길 ○○○,		직업	회사원	
전 화	(휴대폰) 010 - 2345 - 0000				
입증하려는 내 용	위 ○○○은 우연히 위 ○○아파트 단체 카톡 방에 피고소인이 올린 고소인에 대한 모욕을 보고 고소인에게 알렸기 때문에 직접 목격한 사실을 입증하고자 합니다.				

2. 증거서류

순번	증 거	작성자	제출 유무	
1	캡처화면	고소인	■ 접수시 제출	□ 수사 중 제출
2	진술서	고소인	■ 접수시 제출	□ 수사 중 제출
3			□ 접수시 제출	□ 수사 중 제출
4			□ 접수시 제출	□ 수사 중 제출
5			□ 접수시 제출	□ 수사 중 제출

3. 증거물

순번	증 거	작성자	제출 유무	
1	캡처화면	고소인	■ 접수시 제출	□ 수사 중 제출
2			□ 접수시 제출	□ 수사 중 제출
3			□ 접수시 제출	□ 수사 중 제출
4			□ 접수시 제출	□ 수사 중 제출
5			□ 접수시 제출	□ 수사 중 제출

4. 기타증거

    추후 필요에 따라 제출하겠습니다.

【고소장14】 모욕죄 많은 사람들 앞에서 고소인에게 성희롱 발언을 하여
처벌요구 고소장 최신서식

고　　　소　　　장

고　소　인 : ○　　　○　　　○

피　고　소　인 : ○　　　○　　　○

인천시 ○○경찰서장 귀중

고　　　　소　　　　장

1.고소인

성　　명	○ ○ ○	주민등록번호	생략
주　　소	인천시 ○○구 ○○로 ○○, ○○○-○○○○호		
직　　업	주부	사무실 주　소	생략
전　　화	(휴대폰) 010 - 7765 - 0000		
대리인에 의한 고　　소	□ 법정대리인 (성명 :　　　,　　　　연락처　　　　　　　) □ 소송대리인 (성명 : 변호사,　　연락처　　　　　　　　)		

2.피고소인

성　　명	○ ○ ○	주민등록번호	생략
주　　소	인천시 ○○구 ○○로 ○○길 ○○, ○○○-○○○호		
직　　업	무지	사무실 주　소	생략
전　　화	(휴대폰) 010 - 4590 - 0000		
기타사항	고소인과의 관계 - 친·인척관계 없습니다.		

3.고소취지

　고소인은 피고소인을 형법 제311조 모욕혐의로 고소하오니 철저히 수사하여 법에 준엄함을 깨달을 수 있도록 엄벌에 처하여 주시기 바랍니다.

4.범죄사실

(1) 적용법조

① 형법 제311조 모욕죄

공연히 사람을 모욕한 자는 1년 이하의 징역이나 금고 또는 200만 원 이하의 벌금에 처한다.

(2) 범죄사실

가, ○○○○. ○○. ○○. 12:10경 인천시 부평구 ○○○로 ○○, ○○헬스 크럽에 근무하는 고소인과 같은 직원 ○○○, ○○○이 점심식사 시간이 되어 식사를 위해 가까운 식당으로 갔는데 식당 옆 테이블에서 식사를 하던 피고소인이 느닷없이 고소인에게 다짜고짜 "너 룸싸롱에서 밤새 일하고 출근해서 이제 밥 먹으러 왔냐?" 빠순이 짓하고 돌아다니냐?. " 어느 룸싸롱에서 일하느냐 나도 좀 알자" 며 성희롱성 모욕을 하여 이에 고소인이 피고소인에게 그런 말씀을 하시면 않되죠 라고 하자,

나, 오히려 말대답을 한다며 고소인의 복부를 2회 걸어차고 재차 오른 쪽 주먹으로 고소인의 왼쪽 귀부위를 후려쳐 고막천공 정도가 고막의 반 이상을 차지하는 상해진단 5주의 출혈성 고막천공상해를 입어 고소인은 난청, 이명 등의 상해를 입었습니다.

다, 고소인은 같은 근무자들 앞에서 피고소인으로부터 당한 성희롱성 모욕이 준 수치심과 정신적 충격과 고통으로 입은 상처가 매우 커 모욕죄로 고소하고자 이에 본 고소장을 제출합니다.

(3) 고소인의 피해사항

가, 고소인은 피고소인의 모욕으로 인하여 당시 식당에는 같은 직장의 동료를 비롯하여 많은 사람들이 식사를 하기 위해 있었는데 망신을 당했습니다.

나, 피고소인의 위와 같이 모욕적인 발언 때문에 고소인은 그 이후 정신과적 치료까지 받고 있습니다.

5.고소이유

(1) 피고소인에 대한 처벌의 필요성

가, 피고소인은 고소인이 성희롱성 발언으로 모욕을 준데 대하여 정중히 사과를 요구했으나 아랑곳하지 않고 오히려 고소인을 폭행하고 더 큰소리로 고소인에게 모욕을 일삼고 있었습니다.

나, 고소인은 피해 정도가 심각하여 돌이킬 수 없는 지경에 이르러 피고소인의 강력한 처벌을 원하는 바입니다.

6.범죄의 성립근거

가, 피해자의 특정

피고소인은 ○○○○. ○○. ○○. ○○:○○경 식당에 도착해 자리에 앉은 고소인을 향하여 모욕한 것은 일행이 동석하여 피해자인 고소인 본인이 충분히 특정 지어진 상태입니다.

또한 고소인의 좌석에는 고소인 이외에 직장 동료들이 동석해 함께 보고 있었고, 피고소인이 자신의 자리에서 일어나 고소인에게 모욕하였기 때문에 누구든 쉽게 알아차릴 수 있었기 때문에 피해자가 특정됩니다.

나, 공연성

피고소인은 고소인과 같이 동석한 사람들이 모두 보는 자리에서 고래고래 소리를 지르며 고소인을 모욕을 한 것이므로 공연성 또한 충족됩니다.

7.증거자료

□ 고소인은 고소인의 진술 외에 제출할 증거가 없습니다.

■ 고소인은 고소인의 진술 외에 제출할 증거가 있습니다.

☞ 제출할 증거의 세부내역은 별지를 작성하여 첨부합니다.

8.관련사건의 수사 및 재판여부

① 중복 고소여부	본 고소장과 같은 내용의 고소장을 다른 검찰청 또는 경찰서에 제출하거나 제출하였던 사실이 있습니다 □ / 없습니다 ■
② 관련 형사사건 수사유무	본 고소장에 기재된 범죄사실과 관련된 사건 또는 공범에 대하여 검찰청이나 경찰서에서 수사 중에 있습니다 □ / 수사 중에 있지 않습니다 ■
③ 관련 민사소송 유무	본 고소장에 기재된 범죄사실과 관련된 사건에 대하여 법원에서 민사소송 중에 있습니다 □ / 민사소송 중에 있지 않습니다 ■

9.기타

　　본 고소장에 기재한 내용은 고소인이 알고 있는 지식과 경험을 바탕으로 모두 사실대로 작성하였으며, 만일 허위사실을 고소하였을 때에는 형법 제156조 무고죄로 처벌받을 것임을 아울러 서약합니다.

　　　　　○○○○ 년 ○○ 월 ○○ 일

　　　　　　　위 고소인 ： ○　○　○　　（인）

인천시 ○○경찰서장 귀중

별지 : 증거자료 세부 목록

(범죄사실 입증을 위해 제출하려는 증거에 대하여 아래 각 증거별로 해당 난을 구체적으로 작성해 주시기 바랍니다)

1. 인적증거

성 명	○ ○ ○	주민등록번호	생략	
주 소	○○시 ○○구 ○○로 ○○길 ○○○,		직업	사원
전 화	(휴대폰) 010 - 7765 - 0000			
입증하려는 내 용	위 ○○○은 고소인과는 같은 직장 동료로 식당에 식사하기 위해 함께 동석하여 피고소인이 고소인에게 모욕한 사실을 직접 듣고 목격한 사실을 입증하고자 합니다.			

2. 증거서류

순번	증 거	작성자	제출 유무	
1	스크린 샷	고소인	■ 접수시 제출	□ 수사 중 제출
2	진술서	고소인	■ 접수시 제출	□ 수사 중 제출
3			□ 접수시 제출	□ 수사 중 제출
4			□ 접수시 제출	□ 수사 중 제출
5			□ 접수시 제출	□ 수사 중 제출

3. 증거물

순번	증 거	작성자	제출 유무	
1	스크린 샷	고소인	■ 접수시 제출	□ 수사 중 제출
2			□ 접수시 제출	□ 수사 중 제출
3			□ 접수시 제출	□ 수사 중 제출
4			□ 접수시 제출	□ 수사 중 제출
5			□ 접수시 제출	□ 수사 중 제출

4. 기타증거

추후 필요에 따라 제출하겠습니다.

고   소   장

고 소 인 : ○   ○   ○

피 고 소 인 : ○   ○   ○

대구시 남부경찰서장 귀중

고 　 소 　 장

1.고 소 인

성　　명	○ ○ ○	주민등록번호	생략
주　　소	대구시 ○○구 ○○로 ○○, ○○○-○○○호		
직　　업	상업	사무실 주　소	생략
전　　화	(휴대폰) 010 - 7654 - 0000		
대리인에 의한 고　　소	☐ 법정대리인 (성명 :　　　, 　　연락처 　　　　　) ☐ 고소대리인 (성명 : 변호사, 　　연락처 　　　　　)		

2.피고소인

성　　명	○ ○ ○	주민등록번호	불상
주　　소	불상		
직　　업	불상	사무실 주　소	인터카페 중고나라
전　　화	(휴대폰) 불상		
기타사항	계좌번호 농협은행 ○○○○-○○-○○○-○○		

3.고소취지

　　고소인은 피고소인을 형법 제347조 제1항 사기죄로 고소하오니 철저히 수사하여 피고소인이 법에 준엄함을 절실히 깨달을 수 있도록 엄벌에 처하여 주시기 바랍니다.

4.범죄사실

(1) 고소인은 ○○○○. ○○. ○○. 15:20경 인터넷 번개장터'앱'으로' ○○'제품이라는 신발을 원가로 구매했습니다.

(2) 위 신발을 배송 받았는데 아무리 보아도 가품인 것 같은 느낌이 들어서 특허청으로 의뢰한 결과 위 신발은 가품인 것으로 판정이 났고, 피고소인은 현재 상표법위반으로 검찰에서 이미 기소하여 형사재판 중에 있습니다.

(3) 피고소인은 버젓이 가품을 진품인 것처럼 거짓말을 하여 이에 속은 고소인에게 가품의 신발을 구매하였고, 그에 따라 대금 213,000원을 피고소인에게 송금하여 지급하였으므로 형법 제347조 제1항 사기죄에 해당되는 것으로 알게 되어 피고소인을 사기죄로 고소하게 되었습니다.

(4) 고소인으로서는 피고소인에 대한 인적사항은 알지 못하고 피고소인이 범죄수단으로 이용한 카카오페이 계좌번호, 예금주명, 가품의 신발을 가지고 있습니다.

(5) 많은 돈은 아니지만 피고소인과 같은 나쁜 사람에게 가품을 진품으로 속여 판 신발 값 213,000원을 기부하기가 너무 싫어서 사기죄로 고소하기로 마음먹었습니다.
이에 피고소인을 형법 제347조 제1항 사기혐의로 고소하오니 철저히 수사하여 법에 준엄함을 깨달을 수 있도록 엄벌에 처하여 주시기 바랍니다.

5.증거자료

□ 고소인은 고소인의 진술 외에 제출할 증거가 없습니다.

■ 고소인은 고소인의 진술 외에 제출할 증거가 있습니다.

☞ 제출할 증거의 세부내역은 별지를 작성하여 첨부합니다.

6.관련사건의 수사 및 재판 여부

① 중복 신고여부	본 고소장과 같은 내용의 진정서 또는 고소장을 다른 검찰청 또는 경찰서에 제출하거나 제출하였던 사실이 있습니다.□/없습니다. ■
② 관련 형사사건 수사 유무	본 고소장에 기재된 범죄사실과 관련된 사건 또는 공범에 대하여 검찰청이나 경찰서에서 수사 중에 있습니다. □/수사 중에 있지 않습니다. ■
③ 관련 민사소송 유무	본 고소장에 기재된 범죄사실과 관련된 사건에 대하여 법원에서 민사소송 중에 있습니다. □/민사소송 중에 있지 않습니다. ■

7.기타

　　본 고소장에 기재한 내용은 고소인이 알고 있는 지식과 경험을 바탕으로 모두 사실대로 작성하였으며, 만일 허위사실을 고소하였을 때에는 형법 제156조 무고죄로 처벌받을 것임을 아울러 서약합니다.

○○○○ 년 ○○ 월 ○○ 일

위 고소인 : ○　○　○　　(인)

대구시 남부경찰서장 귀중

별지 : 증거자료 세부 목록

  (범죄사실 입증을 위해 제출하려는 증거에 대하여 아래 각 증거별로 해당 난을 구체적으로 작성해 주시기 바랍니다)

1.인적증거 (목격자, 기타 참고인 등)

성 명		주민등록번호		
주 소	자택 : 직장 :		직업	
전 화	(휴대폰)			
입증하려는 내 용				

2.증거서류(진술서, 차용증, 각서, 진단서 등)

순번	증 거	작성자	제출 유무	
1	계좌송금영수증	고소인	■ 접수시 제출	□ 수사 중 제출
2	캡처화면	고소인	■ 접수시 제출	□ 수사 중 제출
3			□ 접수시 제출	□ 수사 중 제출
4			□ 접수시 제출	□ 수사 중 제출
5			□ 접수시 제출	□ 수사 중 제출

3.증거물

순번	증 거	작성자	제출 유무	
1	영수증	고소인	■ 접수시 제출	□ 수사 중 제출
2	카톡내용	고소인	■ 접수시 제출	□ 수사 중 제출
3			□ 접수시 제출	□ 수사 중 제출
4			□ 접수시 제출	□ 수사 중 제출
5			□ 접수시 제출	□ 수사 중 제출

4.기타 증거

  필요에 따라 수시 제출하겠습니다.

【고소장16】 인터넷 물품사기 카페에서 가방구입 대금지불후 바로 도주 처벌요구하는 고소장 최신서식

고   소   장

고 소 인 : ○   ○   ○

피 고 소 인 : ○   ○   ○

경상남도 거제경찰서장 귀중

고 소 장

1.고 소 인

성 명	○ ○ ○	주민등록번호	생략
주 소	경상남도 거제시 ○○로 ○○, ○○○-○○○호		
직 업	상업	사무실 주소	생략
전 화	(휴대폰) 010 - 4454 - 0000		
대리인에 의한 고 소	☐ 법정대리인 (성명 : , 연락처) ☐ 고소대리인 (성명 : 변호사, 연락처)		

2.피고소인

성 명	○ ○ ○	주민등록번호	불상
주 소	불상		
직 업	불상	사무실 주소	인터넷 포털사이트 다음카페에서
전 화	(휴대폰) 불상		
기타사항	계좌번호 국민은행 ○○○○-○○-○○○-○○		

3.고소취지

　　고소인은 피고소인을 형법 제347조 제1항 사기죄로 고소하오니 철저히 수사하여 피고소인이 법에 준엄함을 절실히 깨달을 수 있도록 엄벌에 처하여 주시기 바랍니다.

4. 범죄사실

(1) 고소인은 ○○○○. ○○. ○○. 15:10경 인터넷 포털사이트 다음에서 레스포삭가방 직거래하는 카페에 가입해서 가방을 구입하고 같은 날 피고소인의 국민은행 ○○○-○○-○○○○○○ 계좌번호로 금 70,000원을 송금하였습니다.

(2) 가방이 오지 않아 이메일을 보냈더니 가방이 다 나갔다고 하면서 재고되면 연락을 주겠다고 하면서 돈을 돌려드릴까요 아니면 가방재고 되면 바로 고소인의 주소로 보내드릴까요. 라고 하여 고소인은 가방재고 되면 보내달라고 했습니다.

(3) 고소인으로서는 카페의 회원 수도 많고 신뢰하였는데 몇 달이 지나도록 가방이 오지 않아 다시 고소인이 이메일을 보냈더니 또 재고되면 보내준다고 해서 또 기다렸습니다. 그 후로 가방을 보내지 않아 카페에 들어갔더니 카페자체가 없어졌습니다.

(4) 바로 고소인이 문자를 보내고 이메일을 보내도 연락도 없고 전화를 해도 안 받고 아예 사라졌습니다.

(5) 피고소인은 고소인에게 처음부터 가방을 고소인에게 인도할 의사와 능력이 없었음에도 불구하고 고소인에게 가방을 판매한다고 속이고 고소인으로부터 레스포삭가방 대금을 교부받아 편취한 것입니다.

(6) 고소인으로서는 피고소인에 대한 인적사항은 알지 못하고 피고소인이 범죄수단으로 이용한 국민은행 계좌번호와 예금주명 그리고 오고 간 문자메시지와 이메일 내용뿐입니다.

(7) 많은 돈은 아니지만 피고소인에게 가방대금을 기부하기가 너무 싫어서 사기죄로 고소하오니 철저히 수사하여 엄벌에 처하여 주시기 바랍니다.

5.증거자료

   □ 고소인은 고소인의 진술 외에 제출할 증거가 없습니다.

   ■ 고소인은 고소인의 진술 외에 제출할 증거가 있습니다.

      ☞ 제출할 증거의 세부내역은 별지를 작성하여 첨부합니다.

6.관련사건의 수사 및 재판 여부

① 중복 신고여부	본 고소장과 같은 내용의 진정서 또는 고소장을 다른 검찰청 또는 경찰서에 제출하거나 제출하였던 사실이 있습니다.□/없습니다. ■
② 관련 형사사건 수사 유무	본 고소장에 기재된 범죄사실과 관련된 사건 또는 공범에 대하여 검찰청이나 경찰서에서 수사 중에 있습니다. □/수사 중에 있지 않습니다. ■
③ 관련 민사소송 유무	본 고소장에 기재된 범죄사실과 관련된 사건에 대하여 법원에서 민사소송 중에 있습니다. □/민사소송 중에 있지 않습니다. ■

7.기타

   본 고소장에 기재한 내용은 고소인이 알고 있는 지식과 경험을 바탕으로 모두 사실대로 작성하였으며, 만일 허위사실을 고소하였을 때에는 형법 제156조 무고죄로 처벌받을 것임을 아울러 서약합니다.

○○○○ 년 ○○ 월 ○○ 일

위 고소인 : ○ ○ ○   (인)

경상남도 거제경찰서장 귀중

별지 : 증거자료 세부 목록
(범죄사실 입증을 위해 제출하려는 증거에 대하여 아래 각 증거별로 해당 난을 구체적으로 작성해 주시기 바랍니다)

1.인적증거 (목격자, 기타 참고인 등)

성 명		주민등록번호			
주 소	자택 : 직장 :			직업	
전 화	(휴대폰)				
입증하려는 내 용					

2.증거서류(진술서, 차용증, 각서, 진단서 등)

순번	증 거	작성자	제출 유무	
1	계좌송금영수증	고소인	■ 접수시 제출	□ 수사 중 제출
2	캡처화면	고소인	■ 접수시 제출	□ 수사 중 제출
3			□ 접수시 제출	□ 수사 중 제출
4			□ 접수시 제출	□ 수사 중 제출
5			□ 접수시 제출	□ 수사 중 제출

3.증거물

순번	증 거	작성자	제출 유무	
1	영수증	고소인	■ 접수시 제출	□ 수사 중 제출
2	카톡내용	고소인	■ 접수시 제출	□ 수사 중 제출
3			□ 접수시 제출	□ 수사 중 제출
4			□ 접수시 제출	□ 수사 중 제출
5			□ 접수시 제출	□ 수사 중 제출

4.기타 증거

필요에 따라 수시 제출하겠습니다.

【고소장17】 부호 문자메시지 지속적으로 전송하여 공포심 불안감 유발
처벌요구 고소장 최신서식

고　　　소　　　장

고　소　인 :　○　　　○　　　○

피　고　소　인 :　○　　　○　　　○

강원 삼척경찰서장 귀중

고 소 장

1.고소인

성 명	○ ○ ○	주민등록번호	생략
주 소	강원도 삼척시 ○○로 ○길 ○○, ○○○-○○○호		
직 업	상업	사무실 주 소	생략
전 화	(휴대폰) 010 - 6587 - 0000		
대리인에 의한 고 소	☐ 법정대리인 (성명 : , 연락처) ☐ 고소대리인 (성명 : 변호사, 연락처)		

2.피고소인

성 명	무지	주민등록번호	무지
주 소	무지		
직 업	무지	사무실 주 소	무지
전 화	(휴대폰) 010 - 5543 - 0000		
기타사항	고소인과의 관계 - 친·인척관계 없습니다.		

3.고소취지

　　고소인은 피고소인을 정보통신망 이용촉진 및 정보보호 등에 관한 법률 제74조(벌칙) 제1항 제3호(정보통신망 이용촉진 및 정보보호 등에 관한 법률 제44조의7 제1항 제3호를 위반하여 공포심이나 불안감을 유발하는 부호를 반복적으로 상대방에게 도달하게 한 자)위반으로 고소하오니 철저히 수사하여 법에 준엄함을 깨달을 수 있도록 엄벌에 처하여 주시기 바랍니다.

4.범죄사실

(1) 적용법조

○ 정보통신망 이용촉진 및 정보보호 등에 관한 법률 제74조(벌칙) 제1항 다
음 각 호의 어느 하나에 해당하는 자는 1년 이하의 징역 또는 1천만 원 이
하의 벌금에 처한다.
제3호 정보통신망 이용촉진 및 정보보호 등에 관한 법률 제44조의7(불법
정보의 유통금지 등)제1항 제3호(공포심이나 불안감을 유발하는 부호를 반
복적으로 상대방에게 도달하도록 하는 내용의 정보)를 위반하여 공포심이
나 불안감을 유발하는 부호를 반복적으로 상대방에게 도달하게 한 자

(2) 범죄사실

가, 피고소인은 ○○○○. ○○. ○○. ○○:○○경 자신의 휴대전화 ○○○-○
○○○-○○○○번호로 고소인의 휴대전화 ○○○-○○○○-○○○○번으
로 부호(일정한 뜻을 나타내기 위하여 따로 정하여 쓰는 기호) '쓰ㅍ쓰ㅍ
쓰ㅍ', 'ㅊㅊㅋㅋㅎㅎ', 'ㅈㅋㅈㅋ'라고 문자메시지를 전송하였습니다.

나, 피고소인은 ○○○○. ○○. ○○. ○○:○○경 위 같은 방법으로 계속해서
'부—싱', 'ㅎㄱㅎㄱ', 'ㅊㅋㅊㅋㅊㅋ'라고 문자메시지를 전송하였습니다.

다, 피고소인은 ○○○○. ○○. ○○. ○○:○○경 위 같은 방법으로 ' ㄷ-
ㅅ-쓰-ㅍ', '개--ㅈㄴㅁ'라고 문자메시지를 전송하였습니다.

라, 피고소인은 ○○○○. ○○. ○○. ○○:○○경 위 같은 방법으로 '죽
-ㄱ-ㅅ-', '니가 지쳐서 쓰러질때까지 계속 괴롭힐거다'라고 문자메시
지를 전송하였습니다.

마, 피고소인은 ○○○○. ○○. ○○. ○○:○○경 위 같은 방법으로 'ㅎ
ㅎㅎㅎ', 'ㅊㅊㅊㅊ', 'ㅋㅋㅋㅋ'라고 문자메시지를 전송하였습니다.

바, 피고소인은 ○○○○. ○○. ○○. ○○:○○경부터 ○○○○. ○○. ○
○. ○○:○○경까지 총 5회에 걸쳐 공포심이나 불안감을 유발하는 위

부호 문자메시지를 반복적으로 전송하고 있습니다.

사, 고소인으로서는 피고소인이 누군지도 모르는데 계속해서 위 부호 문자메시지를 보내는 심한 정신적 충격을 받아 고통에 시달리고 있으므로 피고소인을 철저히 수사하여 엄벌에 처하여 주시기 바랍니다.

(3) 고소인의 피해사항

가, 고소인은 피고소인의 위 행위로 인하여 공포심은 물론이고 불안감을 느끼고 도저히 참을 수 없어서 정신과적 치료까지 받고 있습니다.

나, 전화를 켜놓기가 무섭고 불면증까지 얻어 시달리고 있습니다.

5.고소이유

(1) 피고소인에 대한 처벌의 필요성

가, 피고소인은 고소인에게 알 수도 없고 이해할 수 없는 부호 문자메시지를 지속적으로 계속해서 전송하고 있습니다.

나, 피고소인은 공포심이나 불안감을 유발하는 부호를 반복적으로 도달하게 한 행위로 '사회통념상 일반인에게 두려워하고 무서워하는 마음, 마음이 편하지 아니하고 조마조마한 느낌을 일으킬 수 있는 내용의 부호를 되풀이하여 전송하는 일련의 행위에 해당하므로 도저히 용서할 수 없는 상황에까지 이르러 강력한 처벌을 원하는 바입니다.

다, 판례에서도 공포심이나 불안감을 유발하는 부호·문언을 반복적으로 도달하게 한 행위는 '사회통념상 일반인에게 두려워하고 무서워하는 마음, 마음이 편하지 아니하고 조마조마한 느낌을 일으킬 수 있는 내용의 문언을 되풀이하여 전송하는 일련의 행위를 의미하는 것으로 풀이할 수 있다고 밝히고 있으므로 피고소인의 위 행위는 정보통신망 이용촉진 및 정보보호 등에 관한 법률 제74조(벌칙) 제1항 제3호 정보통신망 이용촉진 및 정보보호 등에 관한 법률 제44조의7(불법정보의 유통금지 등)제1항 제3호(공포심이나 불안감을 유발하는 부호를 반복적으로 상대방에게 도달하도록 하는 내용의 정보)를 위반하여 공포심이나 불안감을 유발하는 부호를 반복적으로 상대방에게 도달하게 한 자에 해당되어 1년 이하의 징역 또는 1천만 원 이하의 벌금에 처할 수 있습니다.

6.증거자료

□ 고소인은 고소인의 진술 외에 제출할 증거가 없습니다.

■ 고소인은 고소인의 진술 외에 제출할 증거가 있습니다.

☞ 제출할 증거의 세부내역은 별지를 작성하여 첨부합니다.

7.관련사건의 수사 및 재판여부

① 중복 고소여부	본 고소장과 같은 내용의 고소장을 다른 검찰청 또는 경찰서에 제출하거나 제출하였던 사실이 있습니다 □ / 없습니다 ■
② 관련 형사사건 수사 유무	본 고소장에 기재된 범죄사실과 관련된 사건 또는 공범에 대하여 검찰청이나 경찰서에서 수사 중에 있습니다 □ / 수사 중에 있지 않습니다 ■
③ 관련 민사소송 유무	본 고소장에 기재된 범죄사실과 관련된 사건에 대하여 법원에서 민사소송 중에 있습니다 □ / 민사소송 중에 있지 않습니다 ■

8.기타

본 고소장에 기재한 내용은 고소인이 알고 있는 지식과 경험을 바탕으로 모두 사실대로 작성하였으며, 만일 허위사실을 고소하였을 때에는 형법 제156조 무고죄로 처벌받을 것임을 아울러 서약합니다.

○○○○ 년 ○○ 월 ○○ 일

위 고소인 : ○ ○ ○ (인)

강원 삼척경찰서장 귀중

별지 : 증거자료 세부 목록

(범죄사실 입증을 위해 제출하려는 증거에 대하여 아래 각 증거별로 해당 난을 구체적으로 작성해 주시기 바랍니다)

1. 인적증거

성 명	○ ○ ○	주민등록번호	생략	
주 소	강원도 삼척시 ○○로 ○○길 ○○,		직업	상업
전 화	(휴대전화) 010 - 9876 - 0000			
입증하려는 내 용	위 ○○○은 고소인의 남편으로서 피고소인이 고소인에게 지속적으로 부호 문자메시지를 전송한 사실에 대하여 자세히 알고 있어 이를 증명하기 위함에 있습니다.			

2. 증거서류

순번	증 거	작성자	제출 유무	
1	문자메시지	고소인	■ 접수시 제출	□ 수사 중 제출
2	캡처화면	고소인	■ 접수시 제출	□ 수사 중 제출
3			□ 접수시 제출	□ 수사 중 제출
4			□ 접수시 제출	□ 수사 중 제출
5			□ 접수시 제출	□ 수사 중 제출

3. 증거물

순번	증 거	작성자	제출 유무	
1	캡처화면	고소인	■ 접수시 제출	□ 수사 중 제출
2			□ 접수시 제출	□ 수사 중 제출
3			□ 접수시 제출	□ 수사 중 제출
4			□ 접수시 제출	□ 수사 중 제출
5			□ 접수시 제출	□ 수사 중 제출

4. 기타증거

추후 필요에 따라 제출하겠습니다.

【고소장18】 문언 문자메시지 반복하여 전송 공포심 불안감 조성 처벌요구하는 고소장 최신서식

고　　　소　　　장

고　소　인 :　○　　　○　　　○

피　고　소　인 :　○　　　○　　　○

광주시 남부경찰서장 귀중

고　　　소　　　장

1.고소인

성　　　명	○ ○ ○	주민등록번호	생략
주　　　소	광주광역시 남구 ○○로○○길 ○○, ○○○-○○○호		
직　　　업	상업	사무실 주　　소	생략
전　　　화	(휴대폰) 010 - 2987 - 0000		
대리인에 의한 고　　소	□ 법정대리인 (성명 :　　　,　　연락처　　　　　) □ 고소대리인 (성명 : 변호사,　　연락처　　　　　)		

2.피고소인

성　　　명	무지	주민등록번호	무지
주　　　소	무지		
직　　　업	무지	사무실 주　　소	무지
전　　　화	(휴대폰) 010 - 5543 - 0000		
기타사항	고소인과의 관계 - 친·인척관계 없습니다.		

3.고소취지

　　고소인은 피고소인을 정보통신망 이용촉진 및 정보보호 등에 관한 법률 제74조(벌칙) 제1항 제3호(정보통신망 이용촉진 및 정보보호 등에 관한 법률 제44조의7 제1항 제3호를 위반하여 공포심이나 불안감을 유발하는 문언을 반복적으로 상대방에게 도달하게 한 자)위반으로 고소하오니 철저히 수사하여 법에 준엄함을 깨달을 수 있도록 엄벌에 처하여 주시기 바랍니다.

4.범죄사실

(1) 적용법조

○ 정보통신망 이용촉진 및 정보보호 등에 관한 법률 제74조(벌칙) 제1항 다음 각 호의 어느 하나에 해당하는 자는 1년 이하의 징역 또는 1천만 원 이하의 벌금에 처한다.
제3호 정보통신망 이용촉진 및 정보보호 등에 관한 법률 제44조의7(불법 정보의 유통금지 등)제1항 제3호(공포심이나 불안감을 유발하는 문언을 반복적으로 상대방에게 도달하도록 하는 내용의 정보)를 위반하여 공포심이나 불안감을 유발하는 문언을 반복적으로 상대방에게 도달하게 한 자

(2) 범죄사실

가, 피고소인은 ○○○○. ○○. ○○. ○○:○○경 자신의 휴대전화 ○○○-○○○○-○○○○번호로 고소인의 휴대전화 ○○○-○○○○-○○○○번으로 "꺼져", ‘사라져’, ‘뒈져라’, ‘양아치’, ‘거지’라고 문자메시지를 전송하였습니다.

나, 피고소인은 ○○○○. ○○. ○○. ○○:○○경 위 같은 방법으로 계속해서 ‘쓰레기 같이’, ‘사라져라’, ‘없어져라’라고 문자메시지를 전송하였습니다.

다, 피고소인은 ○○○○. ○○. ○○. ○○:○○경 위 같은 방법으로 ‘ 왜 사냐’, ‘보기 싫다’, ‘썩는 냄새 난다’, ‘왜 안 죽고 살아 있네’라고 문자메시지를 전송하였습니다.

라, 피고소인은 ○○○○. ○○. ○○. ○○:○○경 위 같은 방법으로 ‘사고나 당해라’, ‘명도 길어’, ‘밤길 조심해라’라고 문자메시지를 전송하였습니다.

마, 피고소인은 ○○○○. ○○. ○○. ○○:○○경 위 같은 방법으로 '음식 조심해라', '멀리 떠나거라' 라고 문자메시지를 전송하였습니다.

바, 피고소인은 ○○○○. ○○. ○○. ○○:○○경부터 ○○○○. ○○. ○○. ○○:○○경까지 총 5회에 걸쳐 총 17개의 문언을 고소인에게 반복적으로 전송하여 공포심이나 불안감을 유발시켰습니다.

사, 고소인으로서는 피고소인이 누군지도 모르는데 계속해서 위 문언을 문자메시지를 통하여 전송하는 바람에 심한 정신적 충격을 받아 고통에 시달리고 있으므로 피고소인을 철저히 수사하여 엄벌에 처하여 주시기 바랍니다.

(3) 고소인의 피해사항

가, 고소인은 피고소인의 위 행위로 인하여 공포심은 물론이고 불안감을 느끼고 도저히 참을 수 없어서 정신과적 치료까지 받고 있습니다.

나, 전화를 켜놓기가 무섭고 불면증까지 얻어 시달리고 있습니다.

5.고소이유

(1) 피고소인에 대한 처벌의 필요성

가, 피고소인은 고소인에게 알 수도 없는 문언을 지속적으로 문자메시지를 통하여 전송하고 있습니다.

나, 피고소인은 공포심이나 불안감을 유발하는 문언을 반복적으로 도달하게 한 행위는 '사회통념상 일반인에게 두려워하고 무서워하는 마음, 마음이 편하지 아니하고 조마조마한 느낌을 일으킬 수 있는 내용의 문언을 되풀이하여 전송하는 일련의 행위에 해당하므로 도저히 용서할 수 없는 상황에까지 이르렀으므로 강력한 처벌을 원하는 바입니다.

다, 판례에 의하면 공포심이나 불안감을 유발하는 문언을 반복적으로 도달하게 한 행위는 '사회통념상 일반인에게 두려워하고 무서워하는 마음, 마음이 편하지 아니하고 조마조마한 느낌을 일으킬 수 있는 내용의 문언을 되풀이하여 전송하는 일련의 행위를 의미하는 것으로 풀이할 수 있다고 밝히고 있으므로 피고소인의 위 행위는 정보통신망 이용촉진 및 정보보호 등에 관한 법률 제74조(벌칙) 제1항 제3호 정보통신망 이용촉진 및 정보보호 등에 관한 법률 제44조의7(불법정보의 유통금지 등)제1항 제3호(공포심이나 불안감을 유발하는 문언을 반복적으로 상대방에게 도달하도록 하는 내용의 정보)를 위반하여 공포심이나 불안감을 유발하는 문언을 반복적으로 고소인에게 도달하였으므로 피고소인을 1년 이하의 징역 또는 1천만 원 이하의 벌금에 처할 수 있습니다.

6.증거자료

□ 고소인은 고소인의 진술 외에 제출할 증거가 없습니다.

■ 고소인은 고소인의 진술 외에 제출할 증거가 있습니다.

   ☞ 제출할 증거의 세부내역은 별지를 작성하여 첨부합니다.

7.관련사건의 수사 및 재판여부

① 중복 고소여부	본 고소장과 같은 내용의 고소장을 다른 검찰청 또는 경찰서에 제출하거나 제출하였던 사실이 있습니다 □ / 없습니다 ■
② 관련 형사사건 수사유무	본 고소장에 기재된 범죄사실과 관련된 사건 또는 공범에 대하여 검찰청이나 경찰서에서 수사 중에 있습니다 □ / 수사 중에 있지 않습니다 ■
③ 관련 민사소송 유무	본 고소장에 기재된 범죄사실과 관련된 사건에 대하여 법원에서 민사소송 중에 있습니다 □ / 민사소송 중에 있지 않습니다 ■

8.기타

　본 고소장에 기재한 내용은 고소인이 알고 있는 지식과 경험을 바탕으로 모두 사실대로 작성하였으며, 만일 허위사실을 고소하였을 때에는 형법 제156조 무고죄로 처벌받을 것임을 아울러 서약합니다.

○○○○ 년 ○○ 월 ○○ 일

위 고소인 : ○　○　○　（인）

광주시 남부경찰서장 귀중

별지 : 증거자료 세부 목록

(범죄사실 입증을 위해 제출하려는 증거에 대하여 아래 각 증거별로 해당 난 을 구체적으로 작성해 주시기 바랍니다)

1. 인적증거

성 명	○ ○ ○	주민등록번호	생략		
주 소	광주광역시 ○○구 ○○로 ○○길 ○○,			직업	상업
전 화	(휴대전화) 010 - 9876 - 0000				
입증하려는 내 용	위 ○○○은 고소인의 친구로서 피고소인이 고소인에게 지속 적으로 문자메시지를 전송한 사실에 대하여 자세히 알고 있어 이를 증명하기 위함에 있습니다.				

2. 증거서류

순번	증 거	작성자	제출 유무	
1	문자메시지	고소인	■ 접수시 제출	□ 수사 중 제출
2	캡처화면	고소인	■ 접수시 제출	□ 수사 중 제출
3			□ 접수시 제출	□ 수사 중 제출
4			□ 접수시 제출	□ 수사 중 제출
5			□ 접수시 제출	□ 수사 중 제출

3. 증거물

순번	증 거	작성자	제출 유무	
1	캡처화면	고소인	■ 접수시 제출	□ 수사 중 제출
2			□ 접수시 제출	□ 수사 중 제출
3			□ 접수시 제출	□ 수사 중 제출
4			□ 접수시 제출	□ 수사 중 제출
5			□ 접수시 제출	□ 수사 중 제출

4. 기타증거

추후 필요에 따라 제출하겠습니다.

【고소장19】 차용금 사기죄 용도를 속이고 변제방법을 기망하여 처벌을
요구하는 고소장 최신서식

고　　　소　　　장

고　소　인 :　○　　　○　　　○

피　고　소　인 :　○　　　○　　　○

전라북도 순창경찰서장 귀중

고 소 장

1.고소인

성 명	○ ○ ○		주민등록번호	생략
주 소	전라북도 순창군 쌍치면 ○○로 ○○길 ○○○,			
직 업	생략	사무실 주 소	생략	
전 화	(휴대폰) 010 - 8987 - 0000			
대리인에 의한 고 소	□ 법정대리인 (성명 : , 연락처) □ 고소대리인 (성명 : 변호사, 연락처)			

2.피고소인

성 명	○ ○ ○		주민등록번호	생략
주 소	전라북도 순창군 순창읍 ○○로 ○○, ○○호			
직 업	무지	사무실 주 소	생략	
전 화	(휴대폰) 010 - 8765 - 0000			
기타사항	고소인과의 관계 - 친·인척관계 없습니다.			

3.고소취지

고소인은 피고소인에 관하여 다음과 같이 형법 제347조 제1항 사기죄로 고소하오니 법에 준엄함을 깨달을 수 있도록 철저히 수사하여 엄벌에 처해 주시기 바랍니다.

4.범죄사실

(1) 고소인은 농업에 종사하고 있으면서 겨울철엔 농사일이 없어 전라북도 순창읍내로 나가 건축공사장에서 일을 하면서 피고소인과 같이 잠깐 일을 한 사실이 있어 알게 된 사이입니다.

(2) 피고소인은 ○○○○. ○○. ○○. 고소인에게 찾아와 전라북도 순창군 동계면 충효로 소재에서 단독주택을 건축하고 있다며 고소인에게 건축자금이 필요하다며 ○,○○○만 원만 빌려주면 건축공사비를 지급받아 지급하거나 건축주와 공사비에 대해서는 1층 부분만 임대를 놓고 그 보증금을 받아 고소인에게 지급하겠다고 해서 고소인은 영수증을 받고 피고소인에게 빌려주었습니다.

(3) 피고소인은 위 약속한 날짜가 되기 전 ○○○○. ○○. ○○. 다시 고소인에게 찾아와서 자신이 공사하는 현장에 대해서 건축주와 제101호를 임대를 놓고 그 보증금을 공사비로 충당하기로 하였는데 공사비가 부족해 곤란을 겪고 있다면서 ○,○○○만 원을 더 빌려주면 임대보증금을 받아 바로 지급하겠다고 해서 ○○○○. ○○. ○○. ○,○○○만 원을 빌려주고 차용증을 교부받았습니다.

(4) 변제기일이 지나도 변제를 하지 않고 고소인이 피고소인에게 전화로 연락을 해도 전화가 되지 않아 이상하게 생각하고 고소인이 피고소인이 건축한다는 전라북도 순창군 동계면 충효로 소재에서 단독주택공사현장을 찾아가 확인한바, 피고소인이 고소인에게 말한 번지는 답이었고, 여기엔 어느 누구가 건축허가도 받은 사실도 없고 지상에는 단독주택을 건축한 흔적이 전혀 없는 것을 목격(말미에 토지등기부등본과 현황사진을 첨부하겠습니다.)하고 피고소인에게 속은 것을 알았습니다.

(5) 따라서 피고소인이 고소인에게 금전을 차용할 때 그 <u>차용한 금전의 용도나 변제할 자금의 마련방법</u>에 관하여 사실대로 고지하였더라면 고소인

이 피고소인에게 돈을 빌려줄 이유가 없었는데 피고소인이 **용도나 변제자금의 마련방법에 관하여 진실에 반하는 사실을 고지하여 금전을 교부받은** 경우에 사기죄에 해당합니다.

(6) 이에 고소인은 피고소인을 형법 제347조 제1항 사기죄로 고소하오니 철저히 조사하여 법의 준엄함을 깨달을 수 있도록 엄중히 처벌하여 주시기 바랍니다.

5.증거자료

□ 고소인은 고소인의 진술 외에 제출할 증거가 없습니다.

■ 고소인은 고소인의 진술 외에 제출할 증거가 있습니다.

☞ 제출할 증거의 세부내역은 별지를 작성하여 첨부합니다.

6.관련사건의 수사 및 재판여부

① 중복 고소여부	본 고소장과 같은 내용의 고소장을 다른 검찰청 또는 경찰서에 제출하거나 제출하였던 사실이 있습니다 □ / 없습니다 ■
② 관련 형사사건 수사유무	본 고소장에 기재된 범죄사실과 관련된 사건 또는 공범에 대하여 검찰청이나 경찰서에서 수사 중에 있습니다 □ / 수사 중에 있지 않습니다 ■
③ 관련 민사소송 유무	본 고소장에 기재된 범죄사실과 관련된 사건에 대하여 법원에서 민사소송 중에 있습니다 □ / 민사소송 중에 있지 않습니다 ■

7.기타

　본 고소장에 기재한 내용은 고소인이 알고 있는 지식과 경험을 바탕으로 모두 사실대로 작성하였으며, 만일 허위사실을 고소하였을 때에는 형법 제156조 무고죄로 처벌받을 것임을 아울러 서약합니다.

○○○○ 년 ○○ 월 ○○ 일

위 고소인 : ○　○　○　　(인)

전라북도 순창경찰서장 귀중

별지 : 증거자료 세부 목록

(범죄사실 입증을 위해 제출하려는 증거에 대하여 아래 각 증거별로 해당 난을 구체적으로 작성해 주시기 바랍니다)

1. 인적증거

성 명	○ ○ ○	주민등록번호	생 략	
주 소	전라북도 순창군 ○○면 ○○로 ○○○,		직업	상업
전 화	(휴대폰) 010 - 2890 - 0000			
입증하려는 내 용	위 ○○○은 피고소인이 단독주택을 건축한다는 토지의 소유자로서 피고소인의 거짓을 증명하고자 합니다.			

2. 증거서류

순번	증 거	작성자	제출 유무	
1	송금영수증	고소인	■ 접수시 제출	□ 수사 중 제출
2	차용증	고소인	■ 접수시 제출	□ 수사 중 제출
3			□ 접수시 제출	□ 수사 중 제출
4			□ 접수시 제출	□ 수사 중 제출
5			□ 접수시 제출	□ 수사 중 제출

3. 증거물

순번	증 거	작성자	제출 유무	
1	차용증	고소인	■ 접수시 제출	□ 수사 중 제출
2			□ 접수시 제출	□ 수사 중 제출
3			□ 접수시 제출	□ 수사 중 제출
4			□ 접수시 제출	□ 수사 중 제출
5			□ 접수시 제출	□ 수사 중 제출

4. 기타증거

추후 필요에 따라 제출하겠습니다.

【고소장20】 차용금 사기죄 변제할 의사와 능력 없이 변제방법 속이고
편취하여 처벌요구 고소장 최신서식

고　　　　소　　　　장

고　　소　　인 : ○　　　○　　　○

위 고소 대리인 : ○　　　○　　　○

피　고　소　인 : ○　　　○　　　○

충남 천안서북경찰서장 귀중

고 소 장

1.고 소 인

성 명	○ ○ ○	주민등록번호	–
주 소	충청남도 천안시 서북구 ○○로○길 ○○, ○○○호		
직 업	회사원	사무실 주 소	생략
전 화	(휴대전화) 010 - 8765 - 0000		
대리인에 의한 고 소	□ 고소 대리인 인적사항 아래와 같습니다.		

고소위임장

　위 고소인 ○○○은 충청남도 천안서북경찰서에 피고소인 ○○○(주민등록번호)을 형법 제347조 제1항 사기혐의로 고소함에 있어 위 고소인의 사정으로 인하여 아래 사람을 고소 대리인으로 정하고 동인에게 고소인 진술이나 취소 등 고소와 관련한 일체의 권한을 위임하고 후면에 고소인의 인감증명서를 첨부합니다.

고소대리인

성 명	○ ○ ○	주민등록번호	생략
주 소	충청남도 천안시 서북구 ○○로 ○○, ○○○호		
직 업	상업	사무실 주 소	생략
전 화	(휴대전화) 010 - 9876 - 0000		
기타사항	이 사건 고소인의 남편입니다.		

2.피고소인

성 명	○ ○ ○	주민등록번호	생략
주 소	충청남도 천안시 서북구 ○○로○○길 ○○○,		
직 업	무지	사무실 주 소	생략
전 화	(휴대전호) 010 - 2367 - 0000		
기타사항	고소인과의 관계 - 친·인척관계 없습니다.		

3.고소취지

　　고소인은 피고소인 ○○○을 형법 제347조 제1항 사기혐의로 고소하오니 철저히 수사하여 법에 준엄함을 깨달을 수 있도록 엄벌에 처해 주시기 바랍니다.

4.범죄사실

(1) 고소인과 피고소인의 관계
　　고소인은 주소지에 거주하는 가정주부로서, 피고소인은 고소인과 같은 직장에 다니면서 알고 지내는 사이입니다.

(2) 피고소인의 기망
　　피고소인은 ○○○○. ○○. ○○. 14:50경 사실은 고소인으로부터 돈을 빌리더라도 이를 갚을 의사나 변제할 능력이 없음에도 불구하고 마치 돈을 빌려주면 2달 후에 갚을 것이라고 거짓말을 하여 이에 속은 고소인으로부터 ○○○○. ○○. ○○. 금 ○,○○○만 원을 교부받아 이를 편취하였습니다.

5.고소이유

(1) 피고소인은 ○○○○. ○○. ○○. 고소인에게"급히 돈이 필요해서 그러는데 2달 후면 ○○은행에 가입한 적금이 만기가 도래하여 돈을 갚을 수 있

으니 걱정 말고 돈 ○,○○○만 원을 빌려달라"고 요청했습니다.

(2) 고소인은 평소 피고소인과 친분도 있었고, 같은 직장에도 다녔던 관계도 있고, 또 2달 후 ○○은행에서 적금을 만기가 도래되어 여유자금이 생긴 다는 피고소인의 말을 믿고 ○○○○. ○○. ○○. 피고소인의 요청대로 변제기일을 2달 후인 ○○○○. ○○. ○○.로 하여 금 ○,○○○만 원을 피고소인에게 빌려주었습니다.

(3) 그런데 피고소인은 당초 약속한 ○○○○. ○○. ○○.로부터 2개월이 훨씬 지난 지금 이 시간까지 위 빌려간 돈을 갚지 않고 있습니다.
고소인으로서는 이러한 피고소인의 미변제행위로 인하여 극심한 피해를 입고 있는 상황입니다.

(4) 더욱이 고소인이 놀라운 것은 피고소인이 고소인에게 했던 말과는 달리 ○○○○. ○○. ○○.당시 ○○은행이나 또 다른 은행에도 적금에 가입되어 있는 것도 전혀 없었으며, 극심한 경제난에 시달리고 있었다는 것입니다.

(5) 결국 피고소인은 고소인으로부터 위 ○,○○○만 원을 빌리고서도 약속한 기일에 갚을 의사도 없었고, 변제할 능력이 없으면서 마치 갚을 것처럼 ○○은행에서 적금을 타서 주겠다는 거짓말을 하여 위 돈을 받아간 것이므로 이는 명백한 **사기행위에 해당**된다 할 것이므로 기소 쪽으로의 확고한 의지를 가지고 고소인의 진술에 귀 기울여 실체적 진실을 밝히고 피고소인을 엄벌에 처할 수 있게 즉각적이고도 철저한 수사를 하여 주시기 바랍니다.

(6) 출국금지의 필요성
피고소인은 현재 가족이 미국에 있으며, 피고소인도 1년에 수십 차례나 미국을 다녀오고 있는 실정입니다.
만약, 피고소인이 고소인에 의하여 고소된 사실을 알게 되면 바로 미국으로 도주할 우려가 다분히 있으므로 피고소인에 대해서는 출국금지 조치가 필요하다고 판단되오니 즉각적인 출국금지조치를 내려 주시기를 요청합니다.

5.증거자료

  □ 고소인은 고소인의 진술 외에 제출할 증거가 없습니다.

  ■ 고소인은 고소인의 진술 외에 제출할 증거가 있습니다.

  ☞증거자료의 세부내역은 별지를 작성하여 첨부합니다.

6.관련사건의 수사 및 재판여부

① 중복 고소여부	본 고소장과 같은 내용의 고소장을 다른 검찰청 또는 경찰서에 제출하거나 제출하였던 사실이 있습니다 □ / 없습니다 ■
② 관련 형사사건 수사유무	본 고소장에 기재된 범죄사실과 관련된 사건 또는 공범에 대하여 검찰청이나 경찰서에서 수사 중에 있습니다 □ / 수사 중에 있지 않습니다 ■
③ 관련 민사소송 유무	본 고소장에 기재된 범죄사실과 관련된 사건에 대하여 법원에서 민사소송 중에 있습니다 □ / 민사소송 중에 있지 않습니다 ■

7.기타

  본 고소장에 기재한 내용은 고소인이 알고 있는 지식과 경험을 바탕으로 모두 사실대로 작성하였으며, 만일 허위사실을 고소하였을 때에는 형법 제156조 무고죄로 처벌받을 것임을 아울러 서약합니다.

○○○○ 년 ○○ 월 ○○ 일

위 고소인 : ○ ○ ○ (인)

충남 천안서북경찰서장 귀중

별지 : 증거자료 세부 목록
(범죄사실 입증을 위해 제출하려는 증거에 대하여 아래 각 증거별로 해당 난을 구체적으로 작성해 주시기 바랍니다)

1. 인적증거

성 명	○ ○ ○	주민등록번호	생략	
주 소	자택 : 천안시 ○○로 ○○길 ○○, ○○○ 직장 : 상동		직업	회사원
전 화	(휴대폰) 010 - 6678 - 0000			
입증하려는 내 용	위 ○○○은 고소인과는 직장동료로서 피고소인과 금전거래를 한 사실에 대해서 듣고 목격한 사실이 있으므로 이를 입증하고자 합니다.			

2. 증거서류

순번	증 거	작성자	제출 유무	
1	온라인 송금영수증	고소인	■ 접수시 제출	□ 수사 중 제출
2	지불이행각서	피고소인	■ 접수시 제출	□ 수사 중 제출
3	고소인 인감증명서	고소인	■ 접수시 제출	□ 수사 중 제출
4			□ 접수시 제출	□ 수사 중 제출
5			□ 접수시 제출	□ 수사 중 제출

3. 증거물

순번	증 거	작성자	제출 유무	
1	송금영수증	고소인	■ 접수시 제출	□ 수사 중 제출
2	지불이행각서	고소인	■ 접수시 제출	□ 수사 중 제출
3			□ 접수시 제출	□ 수사 중 제출
4			□ 접수시 제출	□ 수사 중 제출
5			□ 접수시 제출	□ 수사 중 제출

4. 기타증거

추후 필요에 따라 제출하겠습니다.

【고소장21】 통신비밀보호법위반 타인간의 대화내용 녹음 공개하여 처벌요
구하는 고소장 최신서식

고　　　소　　　장

고　소　인 : ○　　　○　　　○

피　고　소　인 : ○　　　○　　　○

부산시 기장경찰서장 귀중

고　　소　　장

1.고소인

성 명	○ ○ ○	주민등록번호	생략
주 소	부산시 기장군 ○○면 ○○로 ○○, ○○○-○○○호		
직 업	상업	사무실 주 소	생략
전 화	(휴대폰) 010 - 4512 - 0000		
대리인에 의한 고 소	□ 법정대리인 (성명 :　　　, 　　　연락처　　　　　　　) □ 고소대리인 (성명 : 변호사, 　　연락처　　　　　　　)		

2.피고소인

성 명	○ ○ ○	주민등록번호	무지
주 소	부산시 기장군 일광면 ○○대로 ○○, ○○○호		
직 업	어업	사무실 주 소	상동
전 화	(휴대폰) 010 - 9891 - 0000		
기타사항	고소인과의 관계 - 친·인척관계 없습니다.		

3.고소취지

　　고소인은 피고소인에 관하여 다음과 같이 통신비밀보호법 제3조 제1항, 제16조 제1항 제1호 제2호 위반죄로 고소하오니 법에 준엄함을 깨달을 수 있도록 철저히 수사하여 엄벌에 처해 주시기 바랍니다.

4.범죄사실

(1) 적용법조

○ 통신비밀보호법 제16조(벌칙) 제1항 다음 각 호의 1에 해당하는 자는 1년
이상 10년 이하의 징역과 5년 이하의 자격정지에 처한다.
제1호 제3조의 규정에 위반하여 우편물의 검열 또는 전기통신의 감청을 하
거나 공개되지 아니한 타인간의 대화를 녹음 또는 청취한 자
제2호 제1호의 규정에 의하여 지득한 통신 또는 대화의 내용을 공개하거나
누설한 자

(2) 범죄사실

가, 고소인은 주소지에서 작은 마을이라는 상호로 인테리어공사 자재를 취급
하는 개인 사업을 하고 있고 피고소인은 주소지에서 인테리어공사와 관
련한 장판 등을 취급하는 개인 사업을 하고 있습니다.

나, 고소인과 피고소인은 서로 유사한 업종으로 비슷한 제품을 취급하는 관
계로 경쟁관계에 있다 보니 고소인이 많은 공사를 하고 있다는데 시기하
여 고소인과 고소인의 손님 간에 통화한 대화녹음을 자신의 휴대폰을 통
하여 저장하였습니다.

다, 이러한 사실을 전혀 고소인은 모르고 있었는데 고소인과 통화한 손님께서
고소인과 손님하고 물품거래와 관련한 통화내용을 몰래 자신의 휴대전화
로 녹음한 피고소인이 고소인의 손님에게 찾아가 녹음 내용을 들려주면
서 자신은 그 금액 이하로 공사를 해주겠다고 한 사실을 알았습니다.

(3) 통신비밀보호법의 적용

가, 피고소인은 자신의 휴대전화를 통하여 고소인과 고소인의 손님 고소 외 ○
○○간의 ○○○○. ○○. ○○. ○○:○○부터 ○○분까지의 영업상 오고
간 대화내용을 녹음하여 통신비밀보호법 제16조(벌칙) 제1항 제1호 후단
공개되지 아니한 타인간의 대화를 녹음 또는 청취한 사실이 있습니다.

나, 피고소인은 위 녹음내용을 ○○○○. ○○. ○○. ○○:○○경 고소인의 손님 고소 외 ○○○의 남편 고소 외 ○○○에게 대화내용을 공개함으로써 통신비밀보호법 제16조(벌칙) 제1항 제2호 제1호의 규정에 의하여 지득한 통신 또는 대화의 내용을 공개하거나 누설한 한 사실이 있습니다.

(4) 결론

○ 이에 고소인은 피고소인을 통신비밀보호법 제3조 제1항 제16조 제1항 제1호(공개되지 아니한 타인간의 대화를 녹음하여 청취), 같은 제2호(제1호의 규정에 의하여 지득한 통신 또는 대화의 내용을 공개하거나 누설)에 의하여 고소하오니 철저히 수사하여 엄벌에 처하여 주시기 바랍니다.

5.증거자료

□ 고소인은 고소인의 진술 외에 제출할 증거가 없습니다.

■ 고소인은 고소인의 진술 외에 제출할 증거가 있습니다.

☞ 제출할 증거의 세부내역은 별지를 작성하여 첨부합니다.

6.관련사건의 수사 및 재판여부

① 중복 고소여부	본 고소장과 같은 내용의 고소장을 다른 검찰청 또는 경찰서에 제출하거나 제출하였던 사실이 있습니다 □ / 없습니다 ■
② 관련 형사사건 수사유무	본 고소장에 기재된 범죄사실과 관련된 사건 또는 공범에 대하여 검찰청이나 경찰서에서 수사 중에 있습니다 □ / 수사 중에 있지 않습니다 ■
③ 관련 민사소송 유무	본 고소장에 기재된 범죄사실과 관련된 사건에 대하여 법원에서 민사소송 중에 있습니다 □ / 민사소송 중에 있지 않습니다 ■

7.기타

    본 고소장에 기재한 내용은 고소인이 알고 있는 지식과 경험을 바탕으로 모두 사실대로 작성하였으며, 만일 허위사실을 고소하였을 때에는 형법 제156조 무고죄로 처벌받을 것임을 아울러 서약합니다.

○○○○ 년 ○○ 월 ○○ 일

위 고소인 : ○　○　○　　(인)

부산시 기장경찰서장 귀중

별지 : 증거자료 세부 목록
    (범죄사실 입증을 위해 제출하려는 증거에 대하여 아래 각 증거별로 해당 난
을 구체적으로 작성해 주시기 바랍니다)

1. 인적증거

성 명	○ ○ ○	주민등록번호	생략	
주 소	부산시 ○○구 ○○로 ○길 ○○, ○○○호		직업	상업
전 화	(휴대폰) 010 - 5543 - 0000			
입증하려는 내 용	위 ○○○은 피고소인이 녹음한 사실을 듣고 고소인에게 알려준 고소인의 손님 ○○○의 남편으로 자세히 알고 있으므로 이를 입증하고자 합니다.			

2. 증거서류

순번	증 거	작성자	제출 유무	
1	진술서	고소인	■ 접수시 제출	□ 수사 중 제출
2	사실확인서	고소인	■ 접수시 제출	□ 수사 중 제출
3			□ 접수시 제출	□ 수사 중 제출
4			□ 접수시 제출	□ 수사 중 제출
5			□ 접수시 제출	□ 수사 중 제출

3. 증거물

순번	증 거	작성자	제출 유무	
1	진술서	고소인	■ 접수시 제출	□ 수사 중 제출
2			□ 접수시 제출	□ 수사 중 제출
3			□ 접수시 제출	□ 수사 중 제출
4			□ 접수시 제출	□ 수사 중 제출
5			□ 접수시 제출	□ 수사 중 제출

4. 기타증거

    추후 필요에 따라 제출하겠습니다.

【고소장22】 통신바밀보호법위반 카메라에 녹음기능설치 도청 청취하여 처벌을 요구하는 고소장 최신서식

고　　　소　　　장

고　소　인 :　○　　　○　　　○

피　고　소　인 :　○　　　○　　　○

전주시 덕진경찰서장 귀중

고　　소　　장

1. 고소인

성　　명	○ ○ ○	주민등록번호	생략
주　　소	전주시 ○○구 ○○로 ○길 ○○, ○○○-○○○호		
직　　업	회사원	사무실 주　소	생략
전　　화	(휴대폰) 010 - 6780 - 0000		
대리인에 의한 고　　소	☐ 법정대리인 (성명 : 　　　, 　　　연락처 　　　　) ☐ 소송대리인 (성명 : 변호사, 　　연락처 　　　　)		

2. 피고소인

성　　명	○ ○ ○	주민등록번호	무지
주　　소	전주시 덕진구 ○○로○길 ○○, ○○○호		
직　　업	상업	사무실 주　소	상동
전　　화	(휴대폰) 010 - 1277 - 0000		
기타사항	고소인과의 관계 - 친·인척관계 없습니다.		

3. 고소취지

　　고소인은 피고소인에 관하여 다음과 같이 통신비밀보호법 제3조 제1항 위반 죄로 고소하오니 법에 준엄함을 깨달을 수 있도록 철저히 수사하여 엄벌에 처해 주시기 바랍니다.

4.범죄사실

(1) 피고소인은 전라북도 전주시 ○○로○○길 ○○,에서 전주 ○○음식점이라는 상호로 식당을 운영하고 있습니다.

(2) 피고소인은 ○○○○. ○○. ○○. 자신이 운영하는 위 식당의 내부 천장에 감시용 CCTV카메라 4대 및 계산대 위 천장 틈새를 이용하여 도청마이크 2개를 은닉하여 설치하였습니다.

(3) 그리고 고소인이 여자친구들과 ○○○○. ○○. ○○. ○○:○○부터 위 식당 내에서 행하여지는 고소인 ○○○ 및 같은 여자친구로 동석한 ○○○, ○○○의 대화에 관하여 위 마이크를 통해 이를 녹음하고 청취하였습니다.

(4) 이에 고소인은 피고소인을 통신비밀보호법 제3조 제1항(공개되지 아니한 타인간의 대화를 녹음하여 청취)에 의하여 고소하오니 철저히 수사하여 엄벌에 처하여 주시기 바랍니다.

5.증거자료

□ 고소인은 고소인의 진술 외에 제출할 증거가 없습니다.

■ 고소인은 고소인의 진술 외에 제출할 증거가 있습니다.

☞ 제출할 증거의 세부내역은 별지를 작성하여 첨부합니다.

6.관련사건의 수사 및 재판여부

① 중복 고소여부	본 고소장과 같은 내용의 고소장을 다른 검찰청 또는 경찰서에 제출하거나 제출하였던 사실이 있습니다 □ / 없습니다 ■
② 관련 형사사건 수사유무	본 고소장에 기재된 범죄사실과 관련된 사건 또는 공범에 대하여 검찰청이나 경찰서에서 수사 중에 있습니다 □ / 수사 중에 있지 않습니다 ■
③ 관련 민사소송 유무	본 고소장에 기재된 범죄사실과 관련된 사건에 대하여 법원에서 민사소송 중에 있습니다 □ / 민사소송 중에 있지 않습니다 ■

7.기타

본 고소장에 기재한 내용은 고소인이 알고 있는 지식과 경험을 바탕으로 모두 사실대로 작성하였으며, 만일 허위사실을 고소하였을 때에는 형법 제156조 무고죄로 처벌받을 것임을 아울러 서약합니다.

○○○○ 년 ○○ 월 ○○ 일

위 고소인 : ○ ○ ○   (인)

전주시 덕진경찰서장 귀중

별지 : 증거자료 세부 목록

　　(범죄사실 입증을 위해 제출하려는 증거에 대하여 아래 각 증거별로 해당 난을 구체적으로 작성해 주시기 바랍니다)

1. 인적증거

성　명	○ ○ ○	주민등록번호	생략	
주　소	전주시 ○○구 ○○로 ○길 ○○, ○○○호	직업	상업	
전　화	(휴대폰) 010 - 7123 - 0000			
입증하려는 내　용	위 ○○○은 고소인과 같이 피고소인 식당에서 직접 목격하여 이를 입증하고자 합니다.			

2. 증거서류

순번	증　거	작성자	제출 유무	
1	사진	고소인	■ 접수시 제출	□ 수사 중 제출
2	진술서	고소인	■ 접수시 제출	□ 수사 중 제출
3			□ 접수시 제출	□ 수사 중 제출
4			□ 접수시 제출	□ 수사 중 제출
5			□ 접수시 제출	□ 수사 중 제출

3. 증거물

순번	증　거	작성자	제출 유무	
1	사진	고소인	■ 접수시 제출	□ 수사 중 제출
2			□ 접수시 제출	□ 수사 중 제출
3			□ 접수시 제출	□ 수사 중 제출
4			□ 접수시 제출	□ 수사 중 제출
5			□ 접수시 제출	□ 수사 중 제출

4. 기타증거

　　추후 필요에 따라 제출하겠습니다.

고   소   장

고 소 인 : ○   ○   ○

피 고 소 인 : ○   ○   ○

부산시 동래경찰서장 귀중

고　　　소　　　장

1.고 소 인

성　　명	○ ○ ○	주민등록번호	생략
주　　소	부산시 ○○구 ○○로 ○○, ○○○-○○○○호		
직　　업	상업	사무실 주　소	생략
전　　화	(휴대폰) 010 - 7767 - 0000		
대리인에 의한 고　　소	☐ 법정대리인 (성명 :　　　　, 　　연락처　　　　　) ☐ 고소대리인 (성명 : 변호사, 　　연락처　　　　　)		

2.피고소인

성　　명	○ ○ ○	주민등록번호	무지
주　　소	무지		
직　　업	상업	사무실 주　소	무지
전　　화	(휴대폰) 010 - 4434 - 0000		
기타사항	고소인과의 관계 - 친·인척관계 없습니다.		

3.고소취지

　　고소인은 피고소인에 관하여 다음과 같이 정보통신망 이용촉진 및 정보보호 등에 관한 법률 제49조의2(속이는 행위에 의한 개인정보의 수집금지 등) 제1항 위반죄로 고소하오니, 귀 수사기관께서 엄정히 수사하셔서, 엄히 처벌하여 주시기 바랍니다.

4.고소내용

(1) 당사자의 관계

○ 고소인은 부산시 동래구 ○○로 ○○, 소재 주식회사 ○○디앤씨라는 전자
제품을 개발하는 회사에서 연구원으로 근무하고 있으며, 피고소인은 위 같
은 회사에서 인사관리직원입니다.

(2) 적용법조

○ 정보통신망 이용촉진 및 정보보호 등에 관한 법률 제49조(비밀 등의 보호)
누구든지 정보통신망에 의하여 처리·보관 또는 전송되는 타인의 정보를 훼
손하거나 타인의 비밀을 침해·도용 또는 누설하여서는 아니 된다.

제49조의2(속이는 행위에 의한 개인정보의 수집금지 등) ① 누구든지 정보
통신망을 통하여 속이는 행위로 다른 사람의 정보를 수집하거나 다른 사람
이 정보를 제공하도록 유인하여서는 아니 된다.

- 이하 생략 -

제71조(벌칙) 다음 각 호의 어느 하나에 해당하는 자는 5년 이하의
징역 또는 5천만 원 이하의 벌금에 처한다.

- 이하 생략 -

11. 제49조를 위반하여 타인의 정보를 훼손하거나 타인의 비밀을 침해·도용
또는 누설한 자

(3) 이 사건 범죄사실

○ 고소인이 다니고 있는 회사에는 전체 사원들이 수시로 정보를 공유하고 있
는 카카오 톡 단체 대화방에 ○○○○. ○○. ○○. 우연히 들어갔는데 고소
인에 관한 개인정보 로 고소인의 이름, 사번, 인사발령 등 가족관계까지 자
세하게 기재된 게시물을 올린 것을 목격하고 올린 인물을 추적하였습니다.

○ 피고소인은 위 회사의 인사담당직원으로 근무하면서 자신이 업무와 관련한 고소인의 개인정보를 몰래 빼내 이번 인사에서 떨어진 고소인에 대한 인사고가점수라는 제목으로 고소인의 인사발령 등의 개인정보가 담겨있는 기록을 단체 카카오 톡 대화방에 게재함으로써 유출하였습니다.

(4) 결론

○ 피고소인은 업무와 관련하여 고소인의 개인정보를 신중하게 다뤄야 함에도 불구하고 고소인과의 좋지 않은 감정을 내세워 앙심을 품고 전체 사원들이 수시로 볼 수 있는 카카오 톡 단체 대화방에 고소인의 개인정보를 게재한 것은 지탄받아 마땅합니다.

○ 피고소인은 자신이 업무상 취급하는 고소인의 개인정보에 대하여 개인정보주체의 동의를 받는 등의 절차 없이 고소인의 개인정보를 수집하고 단체 카카오 톡 대화방을 통하여 유포하였으므로 고소인은 피고소인을 정보통신망 이용촉진 및 정보보호 등에 관한 법률 제49조(비밀 등의 보호) 누구든지 정보통신망에 의하여 처리·보관 또는 전송되는 타인의 정보를 훼손하거나 타인의 비밀을 침해·도용 또는 누설하여서는 아니 된다.는 혐의로 고소하오니 철저히 수사하여 범에 준엄함을 깨달을 수 있도록 엄벌에 처하여 주시기 바랍니다.

5.고소이유

(1) 처벌의 필요성

○ 피고소인은 고소인이 강력히 항의하자 "고소인의 신상 터는 것이 죄가 되는지 몰랐습니다." 라고 둘러대는 등 단순한 법률의 부지(不知)에 해당한다며 위법성 조각사유가 되는 것처럼 주장하는 등 도저히 반성하는 기미를 보이지 않고 있습니다.

○ 피고소인의 위와 같은 주장은 사람을 노예로 부리는 일이 불법이라는 것을 몰랐다고 우기는 것과 같은 이치로써 같은 직장에서 일하는 처지로 원만하면 넘기려 했으나 도덕적으로 문제가 되는 일은 몰랐어도 죄가 된다는 사

실을 상기시키고 다시는 이런 일이 생기지 않게 하고 법에 준엄함을 절실히 깨달을 수 있도록 처벌받게 하고 싶어 이 사건 고소에 이른 것입니다.

6.증거자료

　　□ 고소인은 고소인의 진술 외에 제출할 증거가 없습니다.

　　■ 고소인은 고소인의 진술 외에 제출할 증거가 있습니다.

　　　　☞ 제출할 증거의 세부내역은 별지를 작성하여 첨부합니다.

7.관련사건의 수사 및 재판 여부

① 중복 신고여부	본 고소장과 같은 내용의 진정서 또는 고소장을 다른 검찰청 또는 경찰서에 제출하거나 제출하였던 사실이 있습니다 □ / 없습니다 ■
② 관련 형사사건 수사 유무	본 고소장에 기재된 범죄사실과 관련된 사건 또는 공범에 대하여 검찰청이나 경찰서에서 수사 중에 있습니다 □ / 수사 중에 있지 않습니다 ■
③ 관련 민사소송 유무	본 고소장에 기재된 범죄사실과 관련된 사건에 대하여 법원에서 민사소송 중에 있습니다 □ / 민사소송 중에 있지 않습니다 ■

8.기타

　본 고소장에 기재한 내용은 고소인이 알고 있는 지식과 경험을 바탕으로 모두 사실대로 작성하였으며, 만일 허위사실을 고소하였을 때에는 형법 제156조 무고죄로 처벌받을 것임을 서약합니다.

○○○○ 년 ○○ 월 ○○ 일

위 고소인 : ○　○　○　　(인)

부산시 동래경찰서장 귀중

별지 : 증거자료 세부

　　(범죄사실 입증을 위해 제출하려는 증거에 대하여 아래 각 증거별로 해당 난
을 구체적으로 작성해 주시기 바랍니다)

1. 인적증거

성　명	○　○　○	주민등록번호	생략	
주　소	사무실 : 부산시 ○○로 ○○, ○○○호		직업	직원
전　화	(휴대폰) 010 - 9876 - 0000			
입증하려는 내　용	위 ○○○은 피고소인의 개인정보 보호법위반에 대하여 사실관계를 소상히 알고 있으므로 이를 입증하고자 합니다.			

2. 증거서류

순번	증　거	작성자	제출 유무	
1	관련자료	고소인	■ 접수시 제출	□ 수사 중 제출
2			□ 접수시 제출	□ 수사 중 제출
3			□ 접수시 제출	□ 수사 중 제출
4			□ 접수시 제출	□ 수사 중 제출
5			□ 접수시 제출	□ 수사 중 제출

3. 증거물

순번	증　거	작성자	제출 유무	
1	캡처화면	고소인	■ 접수시 제출	□ 수사 중 제출
2			□ 접수시 제출	□ 수사 중 제출
3			□ 접수시 제출	□ 수사 중 제출
4			□ 접수시 제출	□ 수사 중 제출
5			□ 접수시 제출	□ 수사 중 제출

4. 기타증거

　　추후 필요에 따라 제출하겠습니다.

【고소장24】 개인정보보호법위반 유인물에 있는 그대로 배포하여 처벌을 요
구하는 고소장 최신서식

고   소   장

고 소 인 : ○   ○   ○

피 고 소 인 : ○   ○   ○

청주시 상당경찰서장 귀중

고   소   장

1. 고 소 인

성 명	○ ○ ○	주민등록번호	생략
주 소	청주시 상당구 ○○로 ○○, ○○○-○○○○호		
직 업	상업	사무실 주 소	생략
전 화	(휴대폰) 010 - 8873 - 0000		
대리인에 의한 고 소	□ 법정대리인 (성명 : , 연락처) □ 고소대리인 (성명 : 변호사, 연락처)		

2. 피고소인

성 명	○ ○ ○	주민등록번호	무지
주 소	무지		
직 업	상업	사무실 주 소	무지
전 화	(휴대폰) 010 - 1287 - 0000		
기타사항	고소인과의 관계 - 친·인척관계 없습니다.		

3. 고소취지

　고소인은 피고소인에 관하여 다음과 같이 개인정보 보호법위반죄로 고소하오니, 귀 수사기관께서 엄정히 수사하셔서, 엄히 처벌하여 주시기 바랍니다.

4.고소내용

(1) 당사자의 관계

○ 고소인은 충청북도 청주시 상당구 ○○로 ○○, 소재 ○○아파트 ○○○동 ○○○○호에 거주하는 주민이고, 피고소인은 ○○○○. ○○. ○○. 위 아파트 입주자대표회의 회장으로 출마한 사람입니다.

(2) 이 사건 범죄사실

○ 고소인은 약 ○○세대 조그마한 주상복합 아파트 입주자대표회의(입대위) 감사직의 일을 보고 ○○○○. ○○. ○○.에 임기가 종료되어그만 두었습니다.

○ ○○○○. ○○. ○○.회장으로, 선출된 입대위에서 관리회사와 마찰이 있었고, 계약기간이 남아있는 상태에서 일방적으로 계약해지를 통보하고, 현재는 자치관리를 하고 있으며, 해지 통보받은 관리회사가 부당하다고 법원에 소송을 냈습니다.

○ 그런데 현 입대위 회장이 고소인에게 앙심을 품고 아파트주민에게 드리는 글이라는 제목으로 유인물을 배포했는데 유인물에는 고소인의 주민등록번호를 비롯하여 직업과 휴대전화를 고스란히 기재되어 있어 고소인은 불쾌할 수밖에 없습니다.니다.

○ 소송은 소송이고 승패와는 상관없이 고소인의 인적사항이 고스란히 담은 유인물이 버젓이 전체 입주민에게 배포되었다는 것은 주민 간에 이간질 시키는 것 같아 불쾌하고 또 고소인의 개인정보를 노출시켜 소송에 이용하려는 피고소인의 의도가 의심됩니다.

○ 피고소인이 입대위 회장이라 하더라도 고소인의 동의 없이 고소인의 인적사항을 고스란히 담은 유인물을 작성하여 전체 입주민에게 유포하였다는 것은 법이기 이전에 전체 주민들의 개인정보를 보다 철저히 관리하는데 신경을 쓰지 않고 오히려 피고소인이 고소인의 개인정보를 빼내 유인물을 작

성해 전체 입주민에게 배포했다는 것은 도저히 용서할 수 없습니다.

○ 피고소인에게 유리하게 소송을 이끌어가기 위해 스스럼 없이 고소인의 개인정보를 악용하여 배포하였다는 것은 악의적이라 아니할 수 없습니다.

(3) 결론

○ 피고소인은 신중하게 다뤄야 하는 고소인의 개인정보를 자신의 소송에서 유리하게 이끌어가기 위해 악용하였습니다.

○ 피고소인이 개인정보 주체의 동의를 받는 등의 절차 없이 고소인의 개인정보를 수집하고 배포하였으므로 고소인은 피고소인을 개인정보 보호법위반혐의로 고소하오니 철저히 수사하여 범에 준엄함을 깨달을 수 있도록 엄벌에 처하여 주시기 바랍니다.

5.고소이유

(1) 처벌의 필요성

○ 피고소인은 위 아파트 입대위 회장으로 선출되었으면 전체주민의 개인정보를 소중히 관리하여야 함에도 불구하고 피고소인의 소송에서 유리하게 만들기 위하여 고소인의 개인정보가 기재된 유인물을 제작하여 전체 입주민들에게 배포한 것이므로 피고소인의 처벌은 불가피한 상황에 이르러 이 사건 고소에 이른 것입니다.

6.증거자료

☐ 고소인은 고소인의 진술 외에 제출할 증거가 없습니다.
■ 고소인은 고소인의 진술 외에 제출할 증거가 있습니다.

    ☞ 제출할 증거의 세부내역은 별지를 작성하여 첨부합니다.

7.관련사건의 수사 및 재판 여부

① 중복 신고여부	본 고소장과 같은 내용의 진정서 또는 고소장을 다른 검찰청 또는 경찰서에 제출하거나 제출하였던 사실이 있습니다 □ / 없습니다 ■
② 관련 형사사건 수사 유무	본 고소장에 기재된 범죄사실과 관련된 사건 또는 공범에 대하여 검찰청이나 경찰서에서 수사 중에 있습니다 □ / 수사 중에 있지 않습니다 ■
③ 관련 민사소송 유무	본 고소장에 기재된 범죄사실과 관련된 사건에 대하여 법원에서 민사소송 중에 있습니다 □ / 민사소송 중에 있지 않습니다 ■

8.기타

본 고소장에 기재한 내용은 고소인이 알고 있는 지식과 경험을 바탕으로 모두 사실대로 작성하였으며, 만일 허위사실을 고소하였을 때에는 형법 제156조 무고죄로 처벌받을 것임을 서약합니다.

○○○○ 년 ○○ 월 ○○ 일

위 고소인 : ○ ○ ○   (인)

청주시 상당경찰서장 귀중

별지 : 증거자료 세부

(범죄사실 입증을 위해 제출하려는 증거에 대하여 아래 각 증거별로 해당 난을 구체적으로 작성해 주시기 바랍니다)

1. 인적증거

성 명	○ ○ ○	주민등록번호	생략		
주 소	자택 : 청주시 ○○로 ○○, ○○○호			직업	주민
전 화	(휴대폰) 010 - 9876 - 0000				
입증하려는 내 용	위 ○○○은 피고소인의 개인정보 보호법위반에 대하여 사실관계를 소상히 알고 있으므로 이를 입증하고자 합니다.				

2. 증거서류

순번	증 거	작성자	제출 유무
1	관련자료	고소인	■ 접수시 제출 □ 수사 중 제출
2			□ 접수시 제출 □ 수사 중 제출
3			□ 접수시 제출 □ 수사 중 제출
4			□ 접수시 제출 □ 수사 중 제출
5			□ 접수시 제출 □ 수사 중 제출

3. 증거물

순번	증 거	작성자	제출 유무
1	관련자료	고소인	■ 접수시 제출 □ 수사 중 제출
2			□ 접수시 제출 □ 수사 중 제출
3			□ 접수시 제출 □ 수사 중 제출
4			□ 접수시 제출 □ 수사 중 제출
5			□ 접수시 제출 □ 수사 중 제출

4. 기타증거

추후 필요에 따라 제출하겠습니다.

고　　　소　　　장

고　소　인 :　○　　　○　　　○

피　고　소　인 :　○　　　○　　　○

충청남도 보령경찰서장 귀중

고　　　소　　　장

1.고소인

성　　　명	○ ○ ○	주민등록번호	생략
주　　　소	충청남도 보령시 ○○로 ○길 ○○, ○○○호		
직　　　업	생략	사무실 주　소	생략
전　　　화	(휴대폰) 010 - 9123 - 0000		
대리인에 의한 고　　　소	□ 법정대리인 (성명 :　　, 　　연락처　　　　　) □ 소송대리인 (성명 : 변호사, 　연락처　　　　　)		

2.피고소인

성　　　명	○ ○ ○	주민등록번호	생략
주　　　소	충청남도 보령시 ○○로 ○번길 ○○, ○○○호		
직　　　업	무직	사무실 주　소	생략
전　　　화	(휴대폰) 010 - 9987 - 0000		
기타사항	고소인과의 관계 - 친 · 인척관계 없습니다.		

3.고소취지

　　고소인은 피고소인에 관하여 다음과 같이 형법 제355조 제1항 횡령죄로 고소하오니 법에 준엄함을 깨달을 수 있도록 철저히 수사하여 엄벌에 처해 주시기 바랍니다.

4.범죄사실

(1) 당사자 관계

○ 고소인은 주소지에서 도서 및 DVD 또는 비디오 및 복합대여점을 운영하고 있고, 피고소인은 고소인이 경영하는 위 복합대여점의 회원이었던 자입니다.

(2) 피고소인의 범죄사실

○ 피고소인은 ○○○○. ○○. ○○. 16:40경 고소인이 경영하는 충청남도 보령시 ○○로 ○○, ○○○호에 위치한 ○○복합대여점에서 1박2일간의 사용약정으로 "사랑속으로"의 비디오테입(구입가 37,900원/당시 대여료 2,000원)을 대여한 후 현재에 이르기까지 그 반환이 이루어지지 않고 있습니다.

○ 이에 고소인은 피고소인에게 수십 차례에 걸쳐 전화 및 문자메시지로 반납요구를 종용하였으나, 약속 불이행으로 고소인의 점유물을 침해받고 있어 영업상 손실이 커짐에 점유물 미 반환에 따른 횡령죄로 고소제기에 이른 것입니다.

5.고소이유

(1) 피고소인은 이전에도 열 번이면 일곱 번 정도 반납지연으로 고소인의 대여점 내부적으로 악성고객으로 분류된 바 있으며, 통화 가능한 휴대폰으로 20여 차례나 독촉전화를 통한 해결노력을 재촉했던 바 있습니다.

(2) 최근에는 반납은 물론 변상하겠다고 날짜와 시간까지 제시해놓고 현재에 이르기까지 이행을 하지 않고 아무런 조치를 취하지 않는 것은 피고소인은 전혀 반납할 의사가 있다고 보기 어려우므로 피고소인에 대한 횡령혐의가 명백하여 기소 쪽으로의 확고한 의지를 가지고 고소인의 진술에 귀기울여 실체적 진실을 밝히고 피고소인을 엄벌에 처할 수 있게 즉각적이고도 철저한 수사를 하여 주시기 바랍니다.

6.증거자료

□ 고소인은 고소인의 진술 외에 제출할 증거가 없습니다.

■ 고소인은 고소인의 진술 외에 제출할 증거가 있습니다.

☞ 제출할 증거의 세부내역은 별지를 작성하여 첨부합니다.

7.관련사건의 수사 및 재판여부

① 중복 고소여부	본 고소장과 같은 내용의 고소장을 다른 검찰청 또는 경찰서에 제출하거나 제출하였던 사실이 있습니다 □ / 없습니다 ■
② 관련 형사사건 수사유무	본 고소장에 기재된 범죄사실과 관련된 사건 또는 공범에 대하여 검찰청이나 경찰서에서 수사 중에 있습니다 □ / 수사 중에 있지 않습니다 ■
③ 관련 민사소송 유무	본 고소장에 기재된 범죄사실과 관련된 사건에 대하여 법원에서 민사소송 중에 있습니다 □ / 민사소송 중에 있지 않습니다 ■

8.기타

본 고소장에 기재한 내용은 고소인이 알고 있는 지식과 경험을 바탕으로 모두 사실대로 작성하였으며, 만일 허위사실을 고소하였을 때에는 형법 제156조 무고죄로 처벌받을 것임을 아울러 서약합니다.

○○○○ 년 ○○ 월 ○○ 일

위 고소인 : ○ ○ ○   (인)

충청남도 보령경찰서장 귀중

별지 : 증거자료 세부 목록

　　(범죄사실 입증을 위해 제출하려는 증거에 대하여 아래 각 증거별로 해당 난을 구체적으로 작성해 주시기 바랍니다)

1. 인적증거

성　명	○ ○ ○	주민등록번호	생략		
주　소	○○시 ○○로 ○길 ○○, ○○○호			직업	상업
전　화	(휴대폰) 010 - 7767 - 0000				
입증하려는 내　용	위 ○○○은 고소인의 처로서 직접 피고소인에게 수차에 걸쳐 연락을 피고소인에게 추궁한 사실이 있어 이를 입증하고자 합니다.				

2. 증거서류

순번	증　거	작성자	제출 유무	
1	대여목록	고소인	■ 접수시 제출	□ 수사 중 제출
2			□ 접수시 제출	□ 수사 중 제출
3			□ 접수시 제출	□ 수사 중 제출
4			□ 접수시 제출	□ 수사 중 제출
5			□ 접수시 제출	□ 수사 중 제출

3. 증거물

순번	증　거	작성자	제출 유무	
1	진술서	고소인	■ 접수시 제출	□ 수사 중 제출
2			□ 접수시 제출	□ 수사 중 제출
3			□ 접수시 제출	□ 수사 중 제출
4			□ 접수시 제출	□ 수사 중 제출
5			□ 접수시 제출	□ 수사 중 제출

4. 기타증거

　　추후 필요에 따라 제출하겠습니다.

고　　　소　　　장

고　소　인 :　○　　　○　　　○

피　고　소　인 :　○　　　○　　　○

대전시 둔산경찰서장 귀중

고 소 장

1.고소인

성 명	○ ○ ○	주민등록번호	생략
주 소	대전시 둔산구 ○○로 ○길 ○○, ○○○호		
직 업	생략	사무실 주 소	생략
전 화	(휴대폰) 010 - 2234 - 0000		
대리인에 의한 고 소	□ 법정대리인 (성명 : , 연락처) □ 소송대리인 (성명 : 변호사, 연락처)		

2.피고소인

성 명	○ ○ ○	주민등록번호	생략
주 소	대전시 ○○구 ○○로 ○번길 ○○, ○○○호		
직 업	무직	사무실 주 소	생략
전 화	(휴대폰) 010 - 9987 - 0000		
기타사항	고소인과의 관계 - 친·인척관계 없습니다.		

3.고소취지

    고소인은 피고소인에 관하여 다음과 같이 형법 제356조 업무상횡령죄로 고소하오니 법에 준엄함을 깨달을 수 있도록 철저히 수사하여 엄벌에 처해 주시기 바랍니다.

4. 범죄사실

(1) 피고소인과 고소인의 관계
고소인은 주소지에 거주하며 개인 사업을 하고 있고, 피고소인은 주소지에서 영업 중인 ○○여행사를 운영하고 있습니다.

(2) 고소인은 피고소인에게 ○○○○. ○○. ○○. ○○:○○경 찾아가 해외여행을 부탁하자 피고소인이 전화로 여행경비를 7,000,000원을 보내주면 환율과 비행기티켓 등의 차등이 발생하면 정산하고 나머지를 돌려주겠다고 해서 ○○○○. ○○. ○○. 피고소인에게 금 700만원을 송금하였습니다.

(3) 고소인이 여행을 마치고 피고소인의 담당직원에게 전화로 여행경비가 다른 여행자에 비교하여 상당한 금액이 차이가 있는 것으로 항의를 하자 실제 고소인이 지급하여야 할 여행경비는 고작 300만원에 불과했습니다.

(4) 그래서 고소인이 피고소인에게 여행경비의 차액 400만 원을 보관하고 있다가 고소인에게 환불하여야 함에도 불구하고 임의대로 사용하여 횡령한 것이오니 철저히 수사하여 법에 준엄함을 깨달을 수 있도록 엄벌에 처해 주시기 바랍니다.

5. 고소이유

(1) 고소인이 이를 확인하고 피고소인에게 환불을 요구하였으나 피고소인은 이에 아랑곳하지 않고 차일피일 지체하면서 반환을 거부하고 있습니다.

(2) 피고소인은 계획적으로 고소인에게 접근하여 환율을 계산하고 비행기티켓 등을 운운하면서 나머지 차액은 잘 보관하고 있다가 여행을 마치고 돌아오는 즉시 환불하겠다고 약속을 해놓고 임의대로 사용한 후 반환하지 않고 있는 것은 수많은 여행자들을 우롱하고 울리는 악질적인 나쁜 사람이오니 철저히 수사하여 엄벌에 처해 주시기 바랍니다.

6.증거자료

☐ 고소인은 고소인의 진술 외에 제출할 증거가 없습니다.

■ 고소인은 고소인의 진술 외에 제출할 증거가 있습니다.

　☞ 제출할 증거의 세부내역은 별지를 작성하여 첨부합니다.

7.관련사건의 수사 및 재판여부

① 중복 고소여부	본 고소장과 같은 내용의 고소장을 다른 검찰청 또는 경찰서에 제출하거나 제출하였던 사실이 있습니다 ☐ / 없습니다 ■
② 관련 형사사건 수사유무	본 고소장에 기재된 범죄사실과 관련된 사건 또는 공범에 대하여 검찰청이나 경찰서에서 수사 중에 있습니다 ☐ / 수사 중에 있지 않습니다 ■
③ 관련 민사소송 유무	본 고소장에 기재된 범죄사실과 관련된 사건에 대하여 법원에서 민사소송 중에 있습니다 ☐ / 민사소송 중에 있지 않습니다 ■

8.기타

본 고소장에 기재한 내용은 고소인이 알고 있는 지식과 경험을 바탕으로 모두 사실대로 작성하였으며, 만일 허위사실을 고소하였을 때에는 형법 제156조 무고죄로 처벌받을 것임을 아울러 서약합니다.

○○○○ 년 ○○ 월 ○○ 일

위 고소인 : ○　○　○　　(인)

대전시 둔산경찰서장 귀중

별지 : 증거자료 세부 목록

    (범죄사실 입증을 위해 제출하려는 증거에 대하여 아래 각 증거별로 해당 난을 구체적으로 작성해 주시기 바랍니다)

1. 인적증거

성 명	○ ○ ○	주민등록번호	생략		
주 소	○○시 ○○로 ○길 ○○, ○○○호			직업	상업
전 화	(휴대폰) 010 - 7767 - 0000				
입증하려는 내 용	위 ○○○은 고소인과 함께 여행을 가면서 피고소인이 환불하겠다고 한 사실을 듣고 목격한 제3자이므로 이를 입증하고자 합니다.				

2. 증거서류

순번	증 거	작성자	제출 유무
1	스크린 샷	고소인	■ 접수시 제출 □ 수사 중 제출
2			□ 접수시 제출 □ 수사 중 제출
3			□ 접수시 제출 □ 수사 중 제출
4			□ 접수시 제출 □ 수사 중 제출
5			□ 접수시 제출 □ 수사 중 제출

3. 증거물

순번	증 거	작성자	제출 유무
1	진술서	고소인	■ 접수시 제출 □ 수사 중 제출
2			□ 접수시 제출 □ 수사 중 제출
3			□ 접수시 제출 □ 수사 중 제출
4			□ 접수시 제출 □ 수사 중 제출
5			□ 접수시 제출 □ 수사 중 제출

4. 기타증거

    추후 필요에 따라 제출하겠습니다.

【고소장27】 위증죄 허위진술을 해달라는 부탁으로 진실에 반하는 진술 처벌요구 고소장 최신서식

고 　 소 　 장

고 소 인 : ○ 　 ○ 　 ○

피 고 소 인 : ○ 　 ○ 　 ○

인천광역시 강화경찰서장 귀중

고　　　소　　　장

1.고소인

성　　명	○ ○ ○	주민등록번호	생략
주　　소	인천광역시 강화군 ○○로 ○길 ○○, ○○○호		
직　　업	생략 / 사무실 주　소 : 생략		
전　　화	(휴대폰) 010 - 9000 - 0000		
대리인에 의한 고　　소	□ 법정대리인 (성명 :　　, 　　연락처　　　　　) □ 소송대리인 (성명 : 변호사, 　　연락처　　　　　)		

2.피고소인

성　　명	○ ○ ○	주민등록번호	생략
주　　소	인천광역시 서구 ○○로 ○○길 ○○○,		
직　　업	상업 / 사무실 주　소 : 생략		
전　　화	(휴대폰) 010 - 8801 - 0000		
기타사항	고소인과의 관계 - 친·인척관계 없습니다.		

3.고소취지

　고소인은 피고소인에 관하여 다음과 같이 형법 제152조 제1항 위증죄로 고소하오니 법에 준엄함을 깨달을 수 있도록 철저히 수사하여 엄벌에 처해 주시기 바랍니다.

4.범죄사실

(1) 피고소인과 고소인의 관계

○ 고소인은 주소지에 거주하며 가정주부로써 피고소인은 주소지에서 거주하며 무직자입니다.

(2) 범죄사실

○ 당시 인천지방법원 ○○○○고단○○○○호 한○○에 대한 절도피고사건에 있어서 같은 동에 사는 유○○가 증인으로 소환된 것을 알고 위 한○○를 위하여 유리한 허위진술을 시키기로 작정하고 ○○○○. ○○. ○○. 위 유○○을 한○○ 집으로 불러 피고소인의 주식을 권하면서 한○○에 대하여, 절도사건으로 증인 심문을 받게 될 때에는 자기가 동년 ○○○○. ○○. ○○. 오후 7시30분경 위 맥주홀에 갔을 때 한○○은 사무실에서 자기부인과 돈 때문에 이야기를 하고 있더라고 허위진술을 시켜서 위증을 교사하였습니다.

5.고소이유

(1) 피고소인 유○○은 위와 같은 부탁을 받자 위 사실이 허위인 줄 알면서 이를 수락하고 같은 달 ○○. ○○. 위 한○○에 대한 절도피고사건에 있어서 인천지방법원 형사 제○○단독 재판장 ○○○ 앞에서 동 사건의 증인으로 선서한 후 재판장으로부터 심문을 받을 때 위와 같이 의뢰받은 사실과 동 취지의 허위진술을 하여서 위증을 하였습니다.

(2) 피고소인을 엄단하여 사회적으로 경각심을 고취시켜 다시는 이런 일이 생기지 않도록 하기 위하여 이건 고소에 이르렀습니다.

6.증거자료

　□ 고소인은 고소인의 진술 외에 제출할 증거가 없습니다.

　■ 고소인은 고소인의 진술 외에 제출할 증거가 있습니다.

　　☞ 제출할 증거의 세부내역은 별지를 작성하여 첨부합니다.

7.관련사건의 수사 및 재판여부

① 중복 고소여부	본 고소장과 같은 내용의 고소장을 다른 검찰청 또는 경찰서에 제출하거나 제출하였던 사실이 있습니다 □ / 없습니다 ■
② 관련 형사사건 수사유무	본 고소장에 기재된 범죄사실과 관련된 사건 또는 공범에 대하여 검찰청이나 경찰서에서 수사 중에 있습니다 □ / 수사 중에 있지 않습니다 ■
③ 관련 민사소송 유무	본 고소장에 기재된 범죄사실과 관련된 사건에 대하여 법원에서 민사소송 중에 있습니다 □ / 민사소송 중에 있지 않습니다 ■

8.기타

　본 고소장에 기재한 내용은 고소인이 알고 있는 지식과 경험을 바탕으로 모두 사실대로 작성하였으며, 만일 허위사실을 고소하였을 때에는 형법 제156조 무고죄로 처벌받을 것임을 아울러 서약합니다.

　　　　　　○○○○ 년 ○○ 월 ○○ 일

　　　　　　　　　　위 고소인 : ○　○　○　　(인)

　　　　인천광역시 강화경찰서장 귀중

별지 : 증거자료 세부 목록
(범죄사실 입증을 위해 제출하려는 증거에 대하여 아래 각 증거별로 해당 난을 구체적으로 작성해 주시기 바랍니다)

1. 인적증거

성 명	○ ○ ○	주민등록번호	생략	
주 소	인천광역시 ○○구 ○○로 ○○, ○○○호		직업	회사원
전 화	(휴대폰) 010 - 2928 - 0000			
입증하려는 내 용	위 ○○○은 피고소인이 ○○○으로부터 위증할 것을 부탁받아 위증한 사실에 대하여 직접 듣고 목격한 사실이 있어 이를 입증하고자 합니다.			

2. 증거서류

순번	증 거	작성자	제출 유무	
1	스타벅스 영수증	피고소인	■ 접수시 제출	□ 수사 중 제출
2	진술서	진술인	■ 접수시 제출	□ 수사 중 제출
3			□ 접수시 제출	□ 수사 중 제출
4			□ 접수시 제출	□ 수사 중 제출
5			□ 접수시 제출	□ 수사 중 제출

3. 증거물

순번	증 거	작성자	제출 유무	
1	진술서 등	고소인	■ 접수시 제출	□ 수사 중 제출
2			□ 접수시 제출	□ 수사 중 제출
3			□ 접수시 제출	□ 수사 중 제출
4			□ 접수시 제출	□ 수사 중 제출
5			□ 접수시 제출	□ 수사 중 제출

4. 기타증거

추후 필요에 따라 제출하겠습니다.

고   소   장

고 소 인 : ○   ○   ○

피 고 소 인 : ○   ○   ○

울산광역시 남부경찰서장 귀중

고 　 소 　 장

1.고소인

성 　 명	○ ○ ○	주민등록번호	생략
주 　 소	울산광역시 남구 ○○로 ○길 ○○, ○○○호		
직 　 업	생략	사무실 주 소	생략
전 　 화	(휴대폰) 010 - 4400 - 0000		
대리인에 의한 고 　 소	□ 법정대리인 (성명 : 　 , 　 연락처 　) □ 소송대리인 (성명 : 변호사, 　 연락처 　)		

2.피고소인

성 　 명	○ ○ ○	주민등록번호	생략
주 　 소	울산광역시 남구 ○○로 ○○길 ○○○, ○○호		
직 　 업	상업	사무실 주 소	생략
전 　 화	(휴대폰) 010 - 2882 - 0000		
기타사항	고소인과의 관계 - 친·인척관계 없습니다.		

3.고소취지

　고소인은 피고소인에 관하여 다음과 같이 형법 제152조 제2항 모해위증죄로 고소하오니 법에 준엄함을 깨달을 수 있도록 철저히 수사하여 엄벌에 처해 주시기 바랍니다.

4. 범죄사실

(1) 피고소인과 고소인의 관계

○ 고소인은 주소지에 주식회사 ○○건설을 운영하는 대표이사이고, 피고소인은 고소인이 운영하는 위 건설회사의 하청업체인 주식회사 진주실업이라는 회사의 경리과장으로 근무하고 있는 자입니다.

(2) 범죄사실

○ 피고소인은 고소인이 피고인으로 된 울산지방법원 ○○○○고단○○○○호 무고 피고사건의 형사재판 공판기일 ○○○○. ○○. ○○. ○○:○○ ○○○호 법정에 증인으로 출석하여 선서한 다음, 증언함에 있어서,

○ 고소인을 모해할 목적으로 사실은 피고소인이 위와 같이 고소인으로부터 금 ○,○○○만 원을 편취하였음에도 불구하고 그 사실을 숨기기 위하여 자신이 수령한 위 금원은 설비공사대금의 선수금으로 받은 것이며,

○ 따라서 회사의 회계장부에 그 매출내역을 정상적으로 기재하였다고 허위로 진술한 것입니다.

5. 고소이유

(1) 피고소인은 고소인으로부터 받은 금원이 설비공사에 대한 선수금이 아니고 공사보증금임에도 불구하고 고소인의 무고죄에 대한 형사재판의 제1심 공판기일 ○○○○. ○○. ○○. ○○:○○ ○○○호에 증인으로 출석하여 검사가 증인은 피고인으로부터 선수금을 받을 때마다 회사 회계장부에 매출내역을 정상적으로 기재하였지요 라고 물음에 대하여 예라고 분명히 대답하였고, 또한 검사가 뒤이어 만약 선수금을 하청보증금 명목으로 받았다면 회계장부에 기재할 필요가 없겠지요 라고 묻자 예라고 대답하여 위증한 것입니다.(증 제1호증 증인신문조서 2쪽 관련 내용 기재되어 있습니다)

(2) 그러나 이에 대하여는 고소인이 무고죄에 대한 형사재판 항소심에서의 울산 ○○세무서에 사실조회를 촉탁한 바에 의하면 선수금 또는 공사대금 명목으로 돈을 받은 내역은 확인할 수 없다고 기재되어 있어 피고소인이 분명히 허위의 진술을 하였음이 밝혀지고 있습니다.

(3) 그렇다면 피고소인은 고소인을 모해할 목적으로 증인으로 공판기일에 출석하여 선서한 다음 위증한 것으로서 법의 질서유지 작용에 막재한 위해를 미쳤다 할 것이므로 법에 준엄함을 절실히 깨달을 수 있도록 엄벌에 처하여 주시기 바랍니다.

6. 증거자료

☐ 고소인은 고소인의 진술 외에 제출할 증거가 없습니다.

■ 고소인은 고소인의 진술 외에 제출할 증거가 있습니다.

☞ 제출할 증거의 세부내역은 별지를 작성하여 첨부합니다.

7. 관련사건의 수사 및 재판여부

① 중복 고소여부	본 고소장과 같은 내용의 고소장을 다른 검찰청 또는 경찰서에 제출하거나 제출하였던 사실이 있습니다 ☐ / 없습니다 ■
② 관련 형사사건 수 사유무	본 고소장에 기재된 범죄사실과 관련된 사건 또는 공범에 대하여 검찰청이나 경찰서에서 수사 중에 있습니다 ☐ / 수사 중에 있지 않습니다 ■
③ 관련 민사소송 유 무	본 고소장에 기재된 범죄사실과 관련된 사건에 대하여 법원에서 민사소송 중에 있습니다 ☐ / 민사소송 중에 있지 않습니다 ■

8.기타

　본 고소장에 기재한 내용은 고소인이 알고 있는 지식과 경험을 바탕으로 모두 사실대로 작성하였으며, 만일 허위사실을 고소하였을 때에는 형법 제156조 무고죄로 처벌받을 것임을 아울러 서약합니다.

○○○○ 년 ○○ 월 ○○ 일

위 고소인 : ○　○　○　　(인)

울산광역시 남부경찰서장 귀중

별지 : 증거자료 세부 목록

（범죄사실 입증을 위해 제출하려는 증거에 대하여 아래 각 증거별로 해당 난을 구체적으로 작성해 주시기 바랍니다）

1. 인적증거

성 명	○ ○ ○	주민등록번호	생략	
주 소	울산광역시 ○○구 ○○로 ○○, ○○○호		직업	회사원
전 화	（휴대폰） 010 - 2928 - 0000			
입증하려는 내 용	위 ○○○은 피고소인이 법정에서 위증한 내용을 모두 목격하여 이를 입증하고자 합니다.			

2. 증거서류

순번	증 거	작성자	제출 유무	
1	증인신문조서	피고소인	■ 접수시 제출	□ 수사 중 제출
2	사실조회 회신서	고소인	■ 접수시 제출	□ 수사 중 제출
3			□ 접수시 제출	□ 수사 중 제출
4			□ 접수시 제출	□ 수사 중 제출
5			□ 접수시 제출	□ 수사 중 제출

3. 증거물

순번	증 거	작성자	제출 유무	
1	사실조회 회신서	고소인	■ 접수시 제출	□ 수사 중 제출
2			□ 접수시 제출	□ 수사 중 제출
3			□ 접수시 제출	□ 수사 중 제출
4			□ 접수시 제출	□ 수사 중 제출
5			□ 접수시 제출	□ 수사 중 제출

4. 기타증거

추후 필요에 따라 제출하겠습니다.

【고소장29】 재물손괴죄 세워둔 차량을 물건으로 훼손하여 처벌을 요구하는
고소장 최신서식

고   소   장

고 소 인 : ○   ○   ○

피 고 소 인 : ○   ○   ○

전주 덕진경찰서장 귀중

고 소 장

1.고소인

성 명	○ ○ ○	주민등록번호	생략
주 소	전라북도 전주시 ○○구 ○○로 ○길 ○○, ○○○호		
직 업	생략	사무실 주 소	생략
전 화	(휴대폰) 010 - 9000 - 0000		
대리인에 의한 고 소	□ 법정대리인 (성명 : , 연락처) □ 소송대리인 (성명 : 변호사, 연락처)		

2.피고소인

성 명	○ ○ ○	주민등록번호	생략
주 소	전라북도 전주시 ○○구 ○○로 ○○길 ○○○,		
직 업	상업	사무실 주 소	생략
전 화	(휴대폰) 010 - 8801 - 0000		
기타사항	고소인과의 관계 - 친·인척관계 없습니다.		

3.고소취지

    고소인은 피고소인에 관하여 다음과 같이 형법 제366조 재물손괴죄로 고소하
오니 법에 준엄함을 깨달을 수 있도록 철저히 수사하여 엄벌에 처해 주시기
바랍니다.

4.범죄사실

(1) ○○○○. ○○. ○○. ○○:○○경 피고소인은 친척집에 왔다가 고소인의 집 입구 출입문에 자동차(○○○○나○○○○호 차량)를 주차하는 바람에 이를 항의하던 고소인에게 욕설을 하는 등 시비가 되어 이에 화가 난 피고소인이 그 주위에 있던 시멘트벽돌을 고소인의 승용차에 집어던져 고소인의 승용차(○○○○도○○○○호 차량) 뒷부분 유리가 깨지는 등 금 ○○○,○○○원 상당을 손괴하여 그 효용을 해한 자이므로 철저히 조사하여 엄벌에 처해 주시기 바랍니다.

5.증거자료

☐ 고소인은 고소인의 진술 외에 제출할 증거가 없습니다.

■ 고소인은 고소인의 진술 외에 제출할 증거가 있습니다.

☞ 제출할 증거의 세부내역은 별지를 작성하여 첨부합니다.

6.관련사건의 수사 및 재판여부

① 중복 고소여부	본 고소장과 같은 내용의 고소장을 다른 검찰청 또는 경찰서에 제출하거나 제출하였던 사실이 있습니다 ☐ / 없습니다 ■
② 관련 형사사건 수사유무	본 고소장에 기재된 범죄사실과 관련된 사건 또는 공범에 대하여 검찰청이나 경찰서에서 수사 중에 있습니다 ☐ / 수사 중에 있지 않습니다 ■
③ 관련 민사소송 유무	본 고소장에 기재된 범죄사실과 관련된 사건에 대하여 법원에서 민사소송 중에 있습니다 ☐ / 민사소송 중에 있지 않습니다 ■

7.기타

본 고소장에 기재한 내용은 고소인이 알고 있는 지식과 경험을 바탕으로 모두 사실대로 작성하였으며, 만일 허위사실을 고소하였을 때에는 형법 제156조 무고죄로 처벌받을 것임을 아울러 서약합니다.

○○○○ 년 ○○ 월 ○○ 일

위 고소인 : ○ ○ ○   (인)

전주 덕진경찰서장 귀중

별지 : 증거자료 세부 목록
　　　　(범죄사실 입증을 위해 제출하려는 증거에 대하여 아래 각 증거별로 해당 난
　　　　을 구체적으로 작성해 주시기 바랍니다)

1. 인적증거

성　명	○　○　○	주민등록번호	생략	
주　소	전라북도 전주시 ○○구 ○○로 ○○,		직업	회사원
전　화	(휴대폰) 010 - 2928 - 0000			
입증하려는 내용	위 ○○○은 피고소인이 시멘트벽돌을 고소인의 차량에 집어 던지는 것을 목격하여 알고 있으므로 이를 입증하고자 합니다.			

2. 증거서류

순번	증　거	작성자	제출 유무	
1	차량 스크린 샷	고소인	■ 접수시 제출	□ 수사 중 제출
2	진술서	진술인	■ 접수시 제출	□ 수사 중 제출
3			□ 접수시 제출	□ 수사 중 제출
4			□ 접수시 제출	□ 수사 중 제출
5			□ 접수시 제출	□ 수사 중 제출

3. 증거물

순번	증　거	작성자	제출 유무	
1	진술서 등	고소인	■ 접수시 제출	□ 수사 중 제출
2			□ 접수시 제출	□ 수사 중 제출
3			□ 접수시 제출	□ 수사 중 제출
4			□ 접수시 제출	□ 수사 중 제출
5			□ 접수시 제출	□ 수사 중 제출

4. 기타증거

　　추후 필요에 따라 제출하겠습니다.

고   소   장

고 소 인 : ○   ○   ○

피 고 소 인 : ○   ○   ○

서울시 강동경찰서장 귀중

고 소 장

1.고소인

성 명	○ ○ ○	주민등록번호	생략
주 소	서울시 강동구 ○○○로길 ○○○, ○○○-○○○○호		
직 업	상업	사무실 주 소	생략
전 화	(휴대폰) 010 - 1234 - 0000		
대리인에 의한 고 소	☐ 법정대리인 (성명 : , 연락처) ☐ 소송대리인 (성명 : 변호사, 연락처)		

2.피고소인

성 명	○ ○ ○	주민등록번호	생략
주 소	서울시 강동구 ○○로 ○○길 ○○, ○○○-○○○호		
직 업	무지	사무실 주 소	생략
전 화	(휴대폰) 010 - 0321 - 0000		
기타사항	고소인과의 관계 - 친·인척관계 없습니다.		

3.고소취지

　　고소인은 피고소인을 형법 제231조 사문서의 위조 변조죄로 고소하오니 철저히 수사하여 법에 준엄함을 깨달을 수 있도록 엄벌에 처하여 주시기 바랍니다.

4.범죄사실

(1) 적용법조

① 형법 제231조 사문서의 위조 변조죄

행사할 목적으로 권리·의무 또는 사실증명에 관한 타인의 문서 또는 도화를 위조 또는 변조한 자는 5년 이하의 징역 또는 1천만 원 이하의 벌금에 처한다.

(2) 범죄사실

○ 고소인은 피고소인에게 ○○○○. ○○. ○○. 금 5,000만원을 대여하고 피고소인으로부터 차용증 1매를 교부받아 이를 소지하고 있었습니다.

○ ○○○○. ○○. ○○. 고소인이 ○○시 ○○구 ○○로 ○○길 ○○○, 고소인의 사무실에서 지갑을 정리하고 있던 중, 사업관계로 잘 알고 있는 피고소인이 방문하여 책상위에 놓여있던 위 차용증을 몰래 빼내어 지급일자 ○○○○. ○○. ○○.로 되어 있는 것을 잘 보이지 않게 화학물질로 흐리게 지운 다음 지급 일자를 ○○○○. ○○. ○○.로 바꾸고 차용금 금 50,000,000원으로 되어 있는 것을 위 같은 방법으로 차용금 금 30,000,000원으로 위조하였습니다.

○ 결국 피고소인은 허락 없이 권리의무에 관한 고소인 명의의 차용증 1매를 위조하였으므로 피고소인을 이에 고소하오니 철저히 조사하시어 다시는 이러한 행동을 하지 않도록 엄벌에 처하여 주시기 바랍니다.

5.증거자료

☐ 고소인은 고소인의 진술 외에 제출할 증거가 없습니다.

■ 고소인은 고소인의 진술 외에 제출할 증거가 있습니다.

☞ 제출할 증거의 세부내역은 별지를 작성하여 첨부합니다.

6.관련사건의 수사 및 재판여부

① 중복 고소여부	본 고소장과 같은 내용의 고소장을 다른 검찰청 또는 경찰서에 제출하거나 제출하였던 사실이 있습니다 □ / 없습니다 ■
② 관련 형사사건 수사유무	본 고소장에 기재된 범죄사실과 관련된 사건 또는 공범에 대하여 검찰청이나 경찰서에서 수사 중에 있습니다 □ / 수사 중에 있지 않습니다 ■
③ 관련 민사소송 유무	본 고소장에 기재된 범죄사실과 관련된 사건에 대하여 법원에서 민사소송 중에 있습니다 □ / 민사소송 중에 있지 않습니다 ■

7.기타

본 고소장에 기재한 내용은 고소인이 알고 있는 지식과 경험을 바탕으로 모두 사실대로 작성하였으며, 만일 허위사실을 고소하였을 때에는 형법 제156조 무고죄로 처벌받을 것임을 아울러 서약합니다.

○○○○ 년 ○○ 월 ○○ 일

위 고소인 : ○ ○ ○ (인)

서울시 강동경찰서장 귀중

별지 : 증거자료 세부 목록

    (범죄사실 입증을 위해 제출하려는 증거에 대하여 아래 각 증거별로 해당 난을 구체적으로 작성해 주시기 바랍니다)

1. 인적증거

성 명	○ ○ ○	주민등록번호		생략	
주 소	○○시 ○○구 ○○로 ○○길 ○○○,			직업	회사원
전 화	(휴대폰) 010 - 2345 - 0000				
입증하려는 내 용	위 ○○○은 고소인이 피고소인에게 5천만 원을 빌려주는 것을 직접 목격하였고 차용증을 피고소인이 작성한 사실을 입증하고자 합니다.				

2. 증거서류

순번	증 거	작성자	제출 유무	
1	캡처화면	고소인	■ 접수시 제출	□ 수사 중 제출
2	진술서	고소인	■ 접수시 제출	□ 수사 중 제출
3			□ 접수시 제출	□ 수사 중 제출
4			□ 접수시 제출	□ 수사 중 제출
5			□ 접수시 제출	□ 수사 중 제출

3. 증거물

순번	증 거	작성자	제출 유무	
1	캡처화면	고소인	■ 접수시 제출	□ 수사 중 제출
2			□ 접수시 제출	□ 수사 중 제출
3			□ 접수시 제출	□ 수사 중 제출
4			□ 접수시 제출	□ 수사 중 제출
5			□ 접수시 제출	□ 수사 중 제출

4. 기타증거

    추후 필요에 따라 제출하겠습니다.

【수사관교체요청신청서】편파 수사와 관련하여 담당 조사관의 교체를 요구하는 신청서

수사관교체요청신청서

사　　건 : 무고 및 위증죄
고 소 인 : ○ 길 ○(주민등록번호)
피고소인 : ○ 지 ○(주민등록번호)

　위 고소인은 귀 경찰서 형사과 강력○○팀에서 수사되고 있는 위 무고죄 및 위증죄 고소사건에 관하여 수사관인 경장 ○○○, 순경 ○○○의 수사에 관하여, 편파 수사가 의심되므로 수사관의 교체를 요청합니다.

- 다　　음 -

1. 고소인의 고소 경위

　(1) 고소인은 ○○○○. ○○. ○○. 10:22경 밤에 집에서 인터넷으로 버디버디 채팅을 하다가 알게 된 피고소인 ○○○을 특수 강간하였다는 죄명으로 현재 형사재판이 계류 중에 있습니다.

　(2) 재판과정에서 고소인은 피고소인의 무고사실 등 혐의에 대하여 ○○○○. ○○. ○○. 서울중앙지방검찰청에 고소장을 제출하였고, 이 사건은 서울 ○○경찰서에 배당되어 현재 수사가 진행되고 있습니다(담당수사관 : 경장 ○○○).

2. 수사관 교체 사유의 존재

(1) 고소인은 피고소인 ○○○의 고소에 따라, 특수 강도강간 혐의로 입건되어 서울○○경찰서 형사과 강력○○팀 사무실에서, 순경 ○○○ 참여하에 경장 ○○○에게 조사를 받은 적이 있습니다.

(2) 즉, 경장 ○○○○(순경 ○○○)은 고소인의 당시 피의사실 혐의에 대하여 이미 조사했던 경험이 있고, 이에 대해 피고소인 ○○○의 주장을 받아들여 고소인을 기소의견으로 검찰에 송치하는 등 수사 전력이 있습니다.

3. 결론

○ 따라서 이 사건 고소인의 고소에 따라 피고소인의 조사가 현재 진행 중이기는 합니다. 하지만 계속하여 경장 ○○○(순경 ○○○)에 의해 수사되는 경우, 고소인 ○○○을 다시 피고소인의 자격으로 수사해야하고 이 과정에서 수사관의 편파적인 의견이 반영될 수 있는 바, 고소인의 입장으로서는 이 사건 수사의 객관성과 공정성을 보장받지 못한 상태에서 제대로 된 법률의 구제를 받지 못할 가능성이 있으므로, 공정하고 객관적인 수사관에 의해 수사를 받을 수 있는 기회를 보장받을 수 있도록 수사관의 교체를 요청합니다.

○○○○ 년 ○○ 월 ○○ 일

위 고소인 : ○ ○ ○ (인)

서울○○경찰서 청문감사실 귀중

◨ **대한법률콘텐츠연구회** ◨

편 저

· 법률용어사전
· 산재판례 100선
· 판례 소법전
· 산업재해 이렇게 해결하라
· 민사소송 준비서면 작성방법
· 형사사건 탄원서 작성방법
· 새로운 고소장 작성방법 고소하는 방법

새로운 고소장 작성방법 새로운 고소방법 실무지침서
새로운 고소장 작성방법 고소하는 방법

2023년 05월 10일 인쇄
2023년 05월 15일 발행

편 저 대한법률콘텐츠연구회
발행인 김현호
발행처 법문북스
공급처 법률미디어

주소 서울 구로구 경인로 54길4(구로동 636-62)
전화 02)2636-2911~2, 팩스 02)2636-3012
홈페이지 www.lawb.co.kr

등록일자 1979년 8월 27일
등록번호 제5-22호

ISBN 979-11-92369-76-1 (13360)

정가 24,000원

이 도서의 국립중앙도서관 출판예정도서목록(CIP)은 서지정보유통지원시스템 홈페이지(http://seoji.nl.go.kr)와 국가자료종합목록 구축시스템(http://kolis-net.nl.go.kr)에서 이용하실 수 있습니다.